좀비, 괴물, 요정들의

문해력 파티 ①

좀비, 괴물, 요정들의
문해력 파티 ❶

1판 1쇄 발행일 2023년 5월 15일
글 정재영 그림 박우희
펴낸곳 (주)도서출판 북멘토 펴낸이 김태완
편집주간 이은아 편집 김경란, 조정우 디자인 키꼬, 안상준 마케팅 이상현, 민지원, 염승연
출판등록 제6-800호(2006. 6. 13.)
주소 03990 서울시 마포구 월드컵북로6길 69(연남동 567-11) IK빌딩 3층
전화 02-332-4885 팩스 02-6021-4885

🏠 bookmentorbooks.co.kr   ✉ bookmentorbooks@hanmail.net
ⓕ bookmentorbooks   📷 bookmentorbooks__

ISBN 978-89-6319-060-0 74700
     978-89-6319-062-4 74700(세트)

※ 잘못된 책은 바꾸어 드립니다.
※ 이 책은 저작권법에 따라 보호를 받는 저작물이므로 무단 전재와 무단 복제를 금합니다.
※ 이 책의 전부 또는 일부를 쓰려면 반드시 저작권자와 출판사의 허락을 받아야 합니다.
※ 책값은 뒤표지에 있습니다.

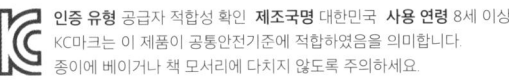
KC마크는 이 제품이 공통안전기준에 적합하였음을 의미합니다.
종이에 베이거나 책 모서리에 다치지 않도록 주의하세요.

좀비, 괴물, 요정들의

오싹오싹
요절복통
문해력 파티 ①

정재영 글·박우희 그림

북멘토

글쓴이의 말

　이런 상상을 해 보세요. 백 명도 넘는 좀비 떼가 쫓아오자 한 어린이가 다급하게 동굴로 피했어요. 그런데 그 동굴에는 무서운 흡혈귀들이 모여서 시끄럽게 떠들며 파티를 벌이고 있지 뭐예요. 어린이는 겨우겨우 동굴을 빠져나가서 깜깜한 길을 달렸어요. 그런데 숲속에서 프랑켄슈타인이 툭 튀어나왔어요. 어린이는 비명을 질렀고 다리 힘이 완전히 빠졌어요.

　하지만 살아야 해요. 주저앉아 있을 수 없었어요. 있는 힘을 다해 어린이가 달아난 곳은 커다란 성이었어요. 그런데 여기도 괜히 왔나 봐요. 성에는 수수께끼를 내며 사람을 괴롭히는 스핑크스, 보름달이 되면 늑대로 변하는 늑대인간, 머리에 뱀들이 꿈틀거리는 메두사, 나쁜 짓을 하고 다니는 투명 인간이 모여서 어린이가 오길 기다리고 있었어요.

　끔찍하죠? 생각만 해도 무섭죠? 절대 만나고 싶지 않은 일곱 괴물을 한꺼번에 마주하다니 악몽도 이런 악몽은 없을 거예요. 그런데 그 괴물들이 어린이 여러분을 도와준다면 어떨까요? 글을 쉽게 읽고 잘 이해하도록 도와주는 괴물과는 친구가 될 수 있지 않을까요?

이 책에는 여러 괴물이 자기 이야기를 글로 써 놨어요. 글을 읽은 뒤에는 문제도 풀어 보세요. 괴물들의 글이 얼마나 재미있는지 몰라요.

이렇게 괴물들의 글을 읽고 문제를 풀다 보면 글을 읽고 이해하는 실력 즉, 문해력이 저절로 높아져요. 문해력이 높아지면 좋은 일이 많이 생길 텐데 무엇보다 독서가 편안해져요. 동화책은 말할 것도 없고 학교 교과서도 쉬워질 거예요.

공부한다고 생각하지 말고 괴물들과 대화한다고 생각하면서 책을 읽어 보세요. 나도 모르게 글 읽는 재미가 붙으면서, 문해력도 쑥쑥 키우게 될 거예요.

문해력 학습의 8가지 요소

문해력이란 글을 읽고 이해하는 능력이에요. 더 넓게는 이해한 내용을 자기화하고 비평하는 능력까지 문해력에 포함할 수 있어요.

문해력이 굉장히 어렵게 들릴 수도 있지만, 어렵지 않게 문해력을 키울 수 있어요. 문해력 학습의 기본 요소를 이해하고 반복 훈련을 하면 된답니다.

이 책에서는 오랜 시간 학생들의 글쓰기를 지도하면서 얻은 경험적 사실을 바탕으로 8가지 항목을 정하고, 각 항목에 맞는 문제 풀이를 통해 문해력을 높이려고 해요. 이 방법으로 문해력이 놀랍게 높아질 수 있을 거예요.

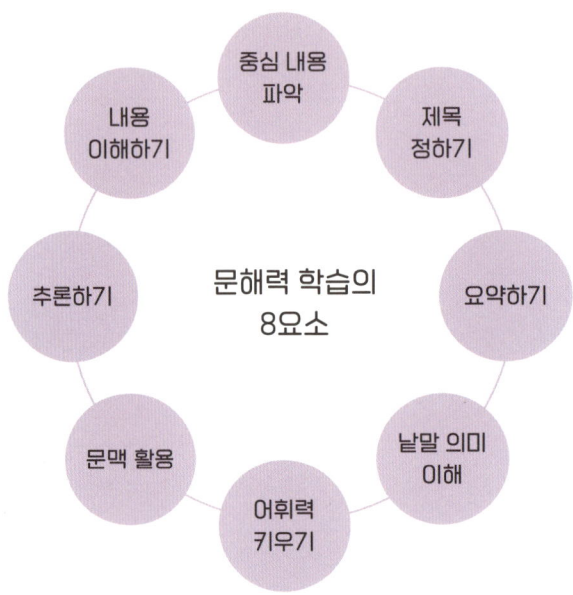

위 8가지 이외에도 마음 읽기, 정확히 읽기, 글 구조 파악, 맞춤법, 표현력 기르기도 중요한 요소여서 이 책에서 다루고 있어요.

그리고 마지막으로 문해력을 높이는 데 가장 중요한 것이 남아 있어요. 그건 바로 글 읽는 재미예요. 이 책이 괴물 이야기로 읽기 자료를 선택한 이유이기도 하지요. 글 읽기가 재미있어야 글에 몰입할 수 있고, 그래야 어휘력, 암기력, 표현력 등 모든 언어 능력이 쉽고 빠르게 향상될 수 있으니까요.

자, 그럼 얼른 괴물들의 이야기 속으로 들어가 볼까요.

차례

1장 지저분하고 냄새 지독한 좀비

좀비가 뭘까?	14
좀비가 되는 법	18
좀비 대 뱀파이어	21
좀비가 알려 준 비밀	25

2장 오싹하고 섬뜩한 프랑켄슈타인

프랑켄슈타인의 자기소개	30
슬픈 아기 프랑켄슈타인	34
프랑켄슈타인의 후회	39

3장 그리스 신화의 최고 미녀 메두사

메두사의 예쁜 얼굴	44
백설 공주를 만난 메두사	48
메두사를 물리친 페르세우스	52

4장 무서운 흡혈귀 뱀파이어

반 헬싱 박사가 설명하는 뱀파이어	58
반 헬싱 박사와 드라큘라의 대결	62
안전한 뱀파이어 에드워드	66

5장 벌거숭이 괴물 투명 인간

투명 인간이 되면 좋을까? 72
투명 인간의 최후 76
원더우먼, 도깨비, 투명한 동물들 80

6장 보름달을 사랑하는 늑대 인간

보름달이 뜨면 늑대 인간은 행복해 84
늑대 인간을 물리치고 싶니? 88
왜 우리 늑대만 미워하니? 92

7장 수수께끼 대마왕 스핑크스

인기가 많았던 괴물 스핑크스　98
스핑크스의 최후　102
오이디푸스의 마음　106

정답 및 풀이　110

1장

지저분하고 냄새 지독한

좀비

좀비가 뭘까?
좀비가 되는 법
좀비 대 뱀파이어
좀비가 알려 준 비밀

좀비가 뭘까?

안녕, 나는 좀비라고 해. 너희에게 아주 좋은 정보를 주려고 해.

좀비의 뜻부터 말해 볼게. 짧게 말해서 좀비는 걸어 다니는 시체야. 좀 더 길게 설명할 수도 있어. 분명히 죽었는데 벌떡 일어나서 여기저기 돌아다니다가 사람을 잡아먹는 외모가 아주 불결한 괴물이 바로 좀비야.

좀비는 어떻게 해서 처음 태어났냐고? 좀비의 기원에는 두 가지 설이 있어. 첫 번째는 마법사가 좀비를 만들었다는 주장이야. 어떤 마법사가 죽은 사람을 살려내는 바람에 1세대 좀비가 생겼다는 거야. 두 번째는 마법이 아니라 바이러스가 좀비를 만든 원인이라는 주장도 있어. 둘 중에서 어느 것이 맞는지는 우리도 사실은 잘 몰라. 우리는 공부하는 거 무척 싫어하니까, 너희가 연구해서 알려 줬으면 좋겠어.

좀비의 뜻과 좀비의 기원에 대해 알아봤으니 이제 좀비의 특징에 관해 설명해 줄게. 특징은 세 가지야.

첫 번째로 좀비는 집단행동을 무척 좋아해. 혼자 다니지 않고 수십 명 또는 수백 명씩 몰려다녀. 사실 혼자 다니면 우리 좀비도 무섭거든.

두 번째로 좀비는 머리를 흔들면서 걸어 다니는 특징이 있어. 거기에다가 눈은 초점이 없고 입을 벌리고 있어. 우리 사이에선 머리가 많이 흔들리고 침을 듬뿍 흘리고 세수를 오래 하지 않아야 인기 많은 아이돌 좀비가 될 수 있단다.

좀비의 마지막 특징은 사람 공격 본능이야. 너희만 보면 우리는 달려가서 꽉 끌어안고 앙 물고 싶어져. 왜 그런지는 잘 모르겠어. 아무튼 우리 좀비는 너희 없이는 못 살아. 그러니까 너희도 우리를 좋아해 줘. 부탁할게.

1 추론하기

이 글은 누가 누구에게 쓴 것일까요? '우리'는 누구고 '너희'는 누구일까요? 보기 에서 알맞은 낱말을 골라서 아래 빈칸을 채우세요.

보기

좀비　투명 인간　사람　강아지　고양이

이 글은 ㉠ [　　　] 가 ㉡ [　　　] 에게 쓴 것이다. '우리'는 ㉢ [　　　] 이고 '너희'는 ㉣ [　　　] 이다.

2 중심 내용 파악

좀비는 왜 이 글을 썼을까요? (　　　)

① 좀비를 왜 조심해야 하는지 알려 주려고
② 좀비와 친해지는 방법을 설명하려고
③ 좀비가 무엇인지 자세히 설명하려고
④ 좀비가 얼마나 사랑스러운지 말하려고

3 요약하기

보기 에서 알맞은 낱말을 골라서 빈칸을 채우세요.

보기

기원　뜻　취미　고향　특징

이 글은 좀비의 ㉠ [　　　] , 좀비의 ㉡ [　　　] , 좀비의 ㉢ [　　　] 을(를) 알려 준다.

4 이 글에서 설명한 좀비의 특징 세 가지는 무엇인가요? (   )

정확히 읽기

① 집단행동 성향, 강한 힘, 사람 공격 본능

② 집단행동 성향, 특이한 걸음걸이, 사람 공격 본능

③ 큰 목소리, 특이한 걸음걸이, 강한 힘

④ 잘생긴 얼굴, 아름다운 목소리, 특이한 향기

5 이 글의 내용과 맞지 않는 설명은 어느 것인가요? (   )

내용 이해하기

① 좀비는 걸어 다니는 시체다.

② 좀비를 만든 것은 마법사 아니면 바이러스다.

③ 좀비는 사람을 보면 본능적으로 공격한다.

④ 좀비는 공부하는 걸 무척 좋아한다.

6 특징에서 특(特)은 '특별하다, 남다르다'는 의미예요. 특(特)이 들어간 낱말이 아주 많답니다. 보기 에서 알맞은 낱말을 찾아 빈칸에 쓰세요.

어휘력 키우기

특별할 특 (特) = 특별하다, 남다르다

보기

특권(特權)   특별(特別)   특이(特異)   특징(特徵)

① 좀비의 [   ] 중 하나는 사람 공격 본능이다.

② 너에게는 너만의 [   ] 한 능력이 있다.

③ 너만 맛있는 걸 먹는 건 [   ] 이다.

④ 그 꽃에서는 참 [   ] 한 향기가 난다.

좀비가 되는 법

혹시 좀비가 되고 싶니? 그러면 좀비에게 물려야 해. 좀비의 이빨 공격을 허락해야 우리같이 훌륭한 좀비가 될 수 있거든. 그런데 아플 것 같아서 싫지? 그러면 다른 방법도 있어. 이건 극비인데 좀비에게 물리지 않고도 좀비가 될 수 있단다. 내가 특별히 그 놀라운 방법을 알려 줄게.

먼저 씻지 않고 오래 버티는 거야. 한 보름 정도 세수를 안 하고 머리도 감지 말아 봐. 굉장한 체취를 풍기게 될 거야. 거기에다 걸을 때는 입을 크게 벌리고 좌우로 머리를 흔들어. 사람들이 "저기 좀비가 나타났다." 비명을 지르면서 다들 피할 거야.

제대로 된 좀비가 되려면 생각도 줄여야 해. 생각 없이 살아가면 멋있는 좀비가 될 수 있거든.

예를 들어서 텔레비전을 오래 보는 거야. 하루 대여섯 시간으로는 턱도 없어. 하루 열다섯 시간 넘게 텔레비전 앞에 앉아 있어야 해. 게임도 좀비가 되는 좋은 방법이야. 게임 하느라 잠도 안 자고 밥도 굶어야 해. 그렇게 텔레비전과 게임에 몰입하면 생각이 사라져서 이상적인 좀비가 될 수 있어.

못된 마음을 가져도 좀비가 될 수 있어. 우리 좀비는 아무 잘못

없는 사람을 마구 물어서 고통을 주잖아. 우리와 비슷한 어린이들도 아주 조금 있는 게 사실이야. 친구를 따돌리고 나쁜 말을 하는 어린이들 말이야. "쟤랑은 놀지 마."라고 하거나 "넌 왜 바보 같니?"라면서 소리치는 어린이들이 있지. 그렇게 친구 마음을 아프게 하는 어린이는 우리 좀비와 다를 게 없어.

좀비에게 물리지 않고 좀비 되는 법이 어렵지 않지? 부탁할게. 이 소중한 정보를 친구들에게도 널리 알려 줘.

1 제목 정하기

이 글의 제목을 새로 짓는다면, 어느 것이 가장 좋을까요? (   )

① 좀비가 귀엽고 사랑스러운 이유
② 게임을 오래 하면 좀비가 되는 이유
③ 좀비에게 안 물리고 좀비가 되는 법
④ 보름 안에 좀비가 되는 법

2 요약하기

빈칸에 알맞은 말을 보기 에서 찾아, 좀비에 안 물리고 좀비가 되는 법을 정리해 보세요.

보기

괴롭히면   씻지 않고   텔레비전과 게임

보름 동안 ㉠ [　　　　], 온종일 ㉡ [　　　　　　　　]에 몰두하고, 친구를 ㉢ [　　　　] 훌륭한 좀비가 될 수 있다.

3 낱말 의미 이해

낱말과 그에 알맞은 뜻을 선을 그어 연결해 보세요.

① 극비 •   • ⓐ 정신을 깊이 집중함

② 체취 •   • ⓑ 몸에서 나는 냄새

③ 몰입 •   • ⓒ 가장 좋은

④ 이상적 •   • ⓓ 가장 중요한 비밀

좀비 대 뱀파이어

우리 좀비와 다르면서도 비슷한 괴물이 있어. 바로 뱀파이어야. '흡혈귀'라고도 불리는 ㉠개들과 우리 좀비를 비교해 보면 재미있어.

먼저 차이점은 세 가지야. 첫 번째로 고향이 달라. 좀비의 고향은 아메리카 대륙이고 뱀파이어의 고향은 유럽 대륙이야. 아이티라는 나라를 아니? 미국 아래에 있는 나라인데 확실하지는 않지만, 좀비 전설의 고향이 아이티라는 소문이 있어. 그게 사실이라면 좀비 전설은 미국이 있는 대륙 즉, 아메리카 대륙에서 태어난 거라고 볼 수 있지. 반면 뱀파이어의 고향은 유럽이야. 수백 년 전부터 유럽 여러 나라 사람들이 뱀파이어 전설을 믿어 왔어. 사람을 공격해 피를 빨아 먹는 무서운 괴물은 유럽 사람의 마음속에서 태어났던 거야.

두 번째로 좀비와 뱀파이어는 생각 능력이 달라. 우리 좀비는 생각을 거의 못 해. 사람이 보이면 달려드는 게 전부야. 위험한지 아닌지 따지지 않고 작전도 ㉡새우지 않아. 그와 달리 뱀파이어는 생각을 많이 할 수 있어. 생각 능력이 우리보다 뛰어난 거야. 어떻게 하면 사람을 유인해서 희생시킬까 궁리하지. 또 자기들끼리 말다

툼도 하고 함정에 빠트리기도 해.

　세 번째로 외모 청결도가 달라. 우리 좀비는 아주 지저분해. 비누를 절대 쓰지 않아. 샤워도 안 해. 옷을 절대로 갈아입지도 않지. 뱀파이어는 우리와 달라. 더러운 뱀파이어도 가끔 있지만, 대부분은 외모를 잘 관리해. 걔네는 괴물 주제에 왜 그렇게 외모에 집착하는지 이해를 못 하겠어.

　하지만 좀비와 뱀파이어는 공통점도 있어. 두 가지야. 무섭다는 점이 똑같지. 우리를 보면 사람들은 비명을 지르면서 도망쳐. 그리고 전염력이 높은 것도 같아. 좀비가 물면 꼼짝없이 좀비가 되고, 뱀파이어가 물면 누구나 뱀파이어가 될 수밖에 없어. 전염병에 걸리는 것과 비슷하지. 좀비와 뱀파이어가 무서운 전염병을 퍼뜨린다고 생각하면 될 것 같아. ㄷ아예 만나지 않도록 조심해야 해.

1 글 구조 파악

이 글을 읽고, 빈칸을 채워 좀비와 뱀파이어의 차이점을 정리해 보세요.

	좀비	뱀파이어
고향	아메리카 대륙	㉠
생각 능력	㉡	생각을 많이 한다
외모	지저분하다	㉢

2 요약하기

빈칸을 채워 좀비와 뱀파이어의 차이점을 더 짧게 요약해 보세요.

좀비와 뱀파이어는 ㉠ [   ] 이(가) 다르고, ㉡ [   ] 이(가) 다르고, ㉢ [   ] 이(가) 다르다.

3 맞춤법

㉠ ~ ㉢을 맞춤법에 맞게 고쳐 보세요.

㉠ 개들 → [   ]

㉡ 새우지 → [   ]

㉢ 아에 → [   ]

4 추론하기

이 글을 읽고 추측한 내용으로 알맞은 것은? (　　)

① 좀비는 책 읽기를 좋아할 것이다.
② 좀비에게서 향긋한 냄새가 날 것 같다.
③ 뱀파이어에게 물리면 좀비가 된다.
④ 뱀파이어는 세수를 자주 할 것이다.

5 비교하기

이 글의 내용을 벤다이어그램으로 정리했어요. 노란색 부분에 들어갈 좀비와 뱀파이어의 공통점 두 가지를 적어 보세요.

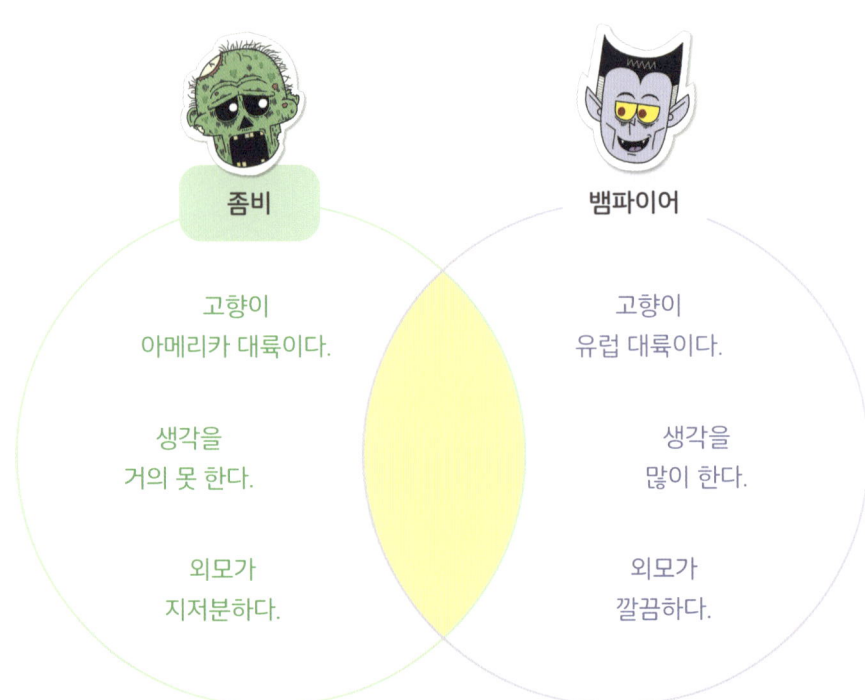

좀비가 알려 준 비밀

영화를 보면 좀비들이 인간 문명을 다 무너뜨리고 세계를 정복하더라. 웃겨. 그건 인간의 상상일 뿐이야. 우리 좀비가 그렇게까지 힘세지는 않아. 대비만 하면 너희가 좀비 떼를 얼마든지 이겨 낼 수 있어. 내가 착한 좀비니까 특별히 알려 주는 거야. 좀비 공격에 대비하는 방법이 있어.

　좀비 공격이 시작되면 먼저 물과 식량을 비축해 둬. 물은 한 사람당 하루 2리터 이상이 필요해. 식량은 변질하지 않는 걸로 많이 모아 둘수록 좋아. 무기와 라디오와 비상 발전기가 있으면 물론 좋겠지. 또 여권 같은 신분증도 필요해. 최악의 경우 다른 나라로 탈출할 때 필요할 거야.

　미리 체력을 길러 두는 것도 필요해. 텔레비전이나 컴퓨터 앞에만 있지 말고 열심히 뛰어다니며 운동해 둬. 좀비에게 쫓길 걸 대비해서 말이야.

　그런데 가장 중요한 게 있어. 좀비가 제일 무서워하는 게 남아 있거든. 그건 바로 강력한 무기보다 더 강력한 협력이야. 사람들이 힘을 합치는 걸 좀비는 가장 무서워해. 좀비는 숫자가 많아. 사람이 혼자 싸워서는 도저히 이길 수가 없어. 하지만 많은 사람이 힘을 합치면 좀비 떼도 맥을 못 추게 될 거야.

그러니까 평소에 친구들과 잘 지내도록 해. 이웃과도 인사하면서 가까워지고. 그래야 나중에 하나로 뭉쳐서 좀비를 물리칠 수 있어. 다투지 말고 다들 친하게 지내. 오래 살고 싶다면 말이야.

왜 이런 중요한 비밀을 알려 주냐고? 나도 사람일 때가 그리워. 다시 사람으로 돌아가고 싶어. 사람이 이기길 바랄게. 치료 약이 만들어지면 꼭 나를 치료해 줘. 나를 잊지 마.

1 제목 정하기

이 글의 또 다른 제목으로 어느 것이 좋을까요? ( )

① 신분증을 준비해야 하는 이유
② 좀비 공격에 대비하는 방법
③ 이웃과 친해져야 하는 이유
④ 체력을 길러야 하는 이유

2 요약하기

착한 좀비가 알려 준 좀비 공격에 대비하는 방법은 8가지예요. 그 방법을 모두 적어 보세요.

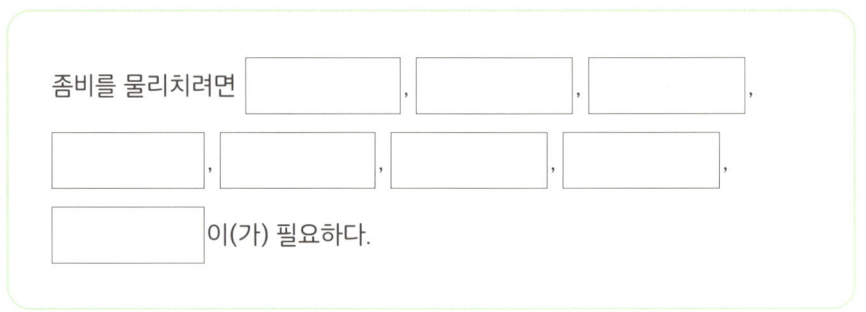

좀비를 물리치려면 ☐, ☐, ☐, ☐, ☐, ☐, ☐, ☐ 이(가) 필요하다.

3 추론하기

이 글을 쓴 좀비는 자기가 좀비이면서도 사람이 이기길 바라고 있어요. 그 이유로 알맞은 것은? ( )

① 좀비들이 미워서
② 배가 너무 고파서
③ 다시 사람이 되고 싶어서
④ 좀비들이 너무 위험한 괴물이어서

2장

오싹하고
섬뜩한

프랑켄슈타인

프랑켄슈타인의 자기소개
슬픈 아기 프랑켄슈타인
프랑켄슈타인의 후회

프랑켄슈타인의 자기소개

나는 프랑켄슈타인이야. 사람에게서 태어난 게 아니라 과학자의 실험실에서 만들어진 인조 거인이야. 어느 정도 크냐고? 키는 240센티미터야. 아마도 아파트 천장에 내 머리가 닿을 거야. 내가 너희 집에 가서 걸어 다니면 전등이 머리에 부딪혀서 다 깨지게 되는 거야.

나는 덩치에 맞게 힘도 아주 세. 수백 킬로그램이 나가는 무거운 물건을 드는 건 일도 아냐. 맨손으로 절벽을 붙잡고 후다닥 오르는 것도 내겐 쉬워. 또 표범처럼 빠르게 달리고 굉장히 멀리 뛸 수 있어. 만난 적은 없지만 나는 사자나 하마와 싸워도 아마 지지 않을 것 같아. 키가 크고 힘도 세고 빠른 내가 바로 운동 천재야.

그런데 벌써 놀라서는 안 돼. 나는 지능이 더 놀랍거든. 나는 태어나서 몇 달 만에 말하고 읽는 걸 다 배웠어. 너희 사람은 몇 년을 학교 다니며 공부해야 하는데 나는 금방 다 끝낸 거야. 나는 운동 천재이면서 공부 천재야. 나는 정말 완벽한 사람 아니 완벽한 괴물 아니니? 하하하. 부럽지?

하지만 나에게 강점만 있는 것은 아냐. 약점이 하나 있기는 해. 외모가 좀 무섭게 생겼어. 치아는 진주처럼 새하얀데 입술은 깜깜한 까만 색이야. 눈동자는 누렇고. 또 몸 여기저기에 피부가 벗겨져서 근육과 혈관이 덜렁덜렁 드러나 있어. 사람들은 내 모습이 무섭나 봐. 지옥에서 방금 온 것 같은 모습이라나 뭐라나? 여하튼 사람들은 나를 보면 비명을 지르거나 기절하거나 도망가 버려. 사람들은 너무 ㄱ소심해. 너무 마음이 약해. 쯧쯧쯧.

1 요약하기

이 글의 또 다른 제목으로 알맞은 것은? (　　)

① 프랑켄슈타인의 약점
② 프랑켄슈타인의 강점
③ 프랑켄슈타인의 강점과 약점
④ 프랑켄슈타인의 출생의 비밀

2 글 구조 파악

프랑켄슈타인이 말한 강점 두 가지와 약점 한 가지가 무엇일까요? 보기 에서 알맞은 말을 골라 빈칸을 채우세요.

보기
얼굴　운동　노래　공부　무섭다　우습다

프랑켄슈타인의 강점
나는 ㉠_____ 천재다.
나는 ㉡_____ 천재다.

프랑켄슈타인의 약점
나는 외모가 ㉢_____.

3 추론하기

㉠의 뜻으로 알맞은 것은? (　　)

① 마음이 용감하다.
② 마음이 약하다.
③ 마음이 너그럽다.
④ 마음이 급하다.

4. 천재의 천(天)은 하늘이라는 뜻이에요. 천(天)이 들어간 알맞은 낱말을 보기 에서 찾아 빈칸을 채우세요.

하늘 천(天) = 하늘

보기
개천절(開天節)   천사(天使)   천장(天障)   천재(天才)

① 그 어려운 걸 알다니 너는 [　　　]이다.
② 프랑켄슈타인은 키가 너무 커서 [　　　]에 머리가 닿는다.
③ 맛있는 걸 나눠 먹는 너는 [　　　]이다.
④ [　　　]은(는) 하늘이 열린 날이라는 뜻이다.

슬픈 아기 프랑켄슈타인

사람들이 오해하는 게 있어. 프랑켄슈타인이 내 이름이 되었지만, 원래는 내 이름이 아니야. 그건 나를 만든 과학자의 이름이었어.

스위스에 제네바라는 도시가 있는 거 알지? 18세기 제네바에 살던 빅터 프랑켄슈타인이라는 과학자가 있었어. 이 천재 과학자는 아무도 모르게 실험해서 결국 ㉠신의 능력을 갖추게 되었어. 생명을 만들어 낼 수 있게 된 거지. 생명 잃은 팔다리와 폐, 근육, 혈관 등을 모아서 조립한 후에 생명을 불어넣는 기술을 개발한 거야. 그렇게 처음 만든 것이 바로 나야.

그런데 실제 있었던 일이냐고? 그건 아니야. 빅터 프랑켄슈타인은 ㉡실존 인물이 아니라 가상 인물이니까 겁먹지 마. 나 프랑켄슈타인도 이야기 속에서만 살고 있어서 너희를 찾아갈 일이 없으니까 모두 안심해도 돼.

그런데 나는 태어나서 기뻤을까? 아니야. 나는 슬프고 무서웠어. 240센티미터의 키였지만, 나는 아무것도 모르는 갓난아기나 다름없었어. 누군가가 나를 보살펴 줘야 했어. 그런데 나를 만든 빅터 박사는 나를 버렸어. 내 모습이 끔찍하다면서 도망쳐 버렸지. 나는 홀로 남겨진 거야. 버림받은 아기 신세였어. 얼마나 무서웠겠니.

그런데 이보다 더 무서운 일이 기다리고 있었어. 숲속을 떠돌고 있는데 사람들이 돌을 던지고 소리를 지르면서 나를 쫓아냈어. 한번은 내가 물에 빠진 아이를 구한 일이 있어. 멀리서 아이 아빠가 달려오더라. 나는 칭찬을 기대했는데 나에게 날아온 것은 총탄이었어. 아이 아빠는 나를 나쁜 괴물로 생각하고는 총을 쏜 거야. 아이 생명의 은인인데 말이야. 나는 총을 맞은 어깨가 아파서 몇 주 동안이나 고생했는데 마음이 더 아팠어. 모든 사람이 나를 싫어하니까 괴로웠던 거야. 나는 외롭고 슬퍼서 눈물을 뚝뚝 흘렸지.

어린 아기는 사랑받아야 해. 보살핌도 받아야 해. 하지만 나는 미움받고 버림받았어. 이유는 하나뿐이야. 내가 괴물처럼 생겼기 때문이야. 내 외모 때문에 나를 만든 사람부터 나를 처음 보는 사람들까지 모두 나를 미워했어. 내 마음속에는 갓난아기의 영혼이 있는데 아무도 그걸 알아주지 않았지.

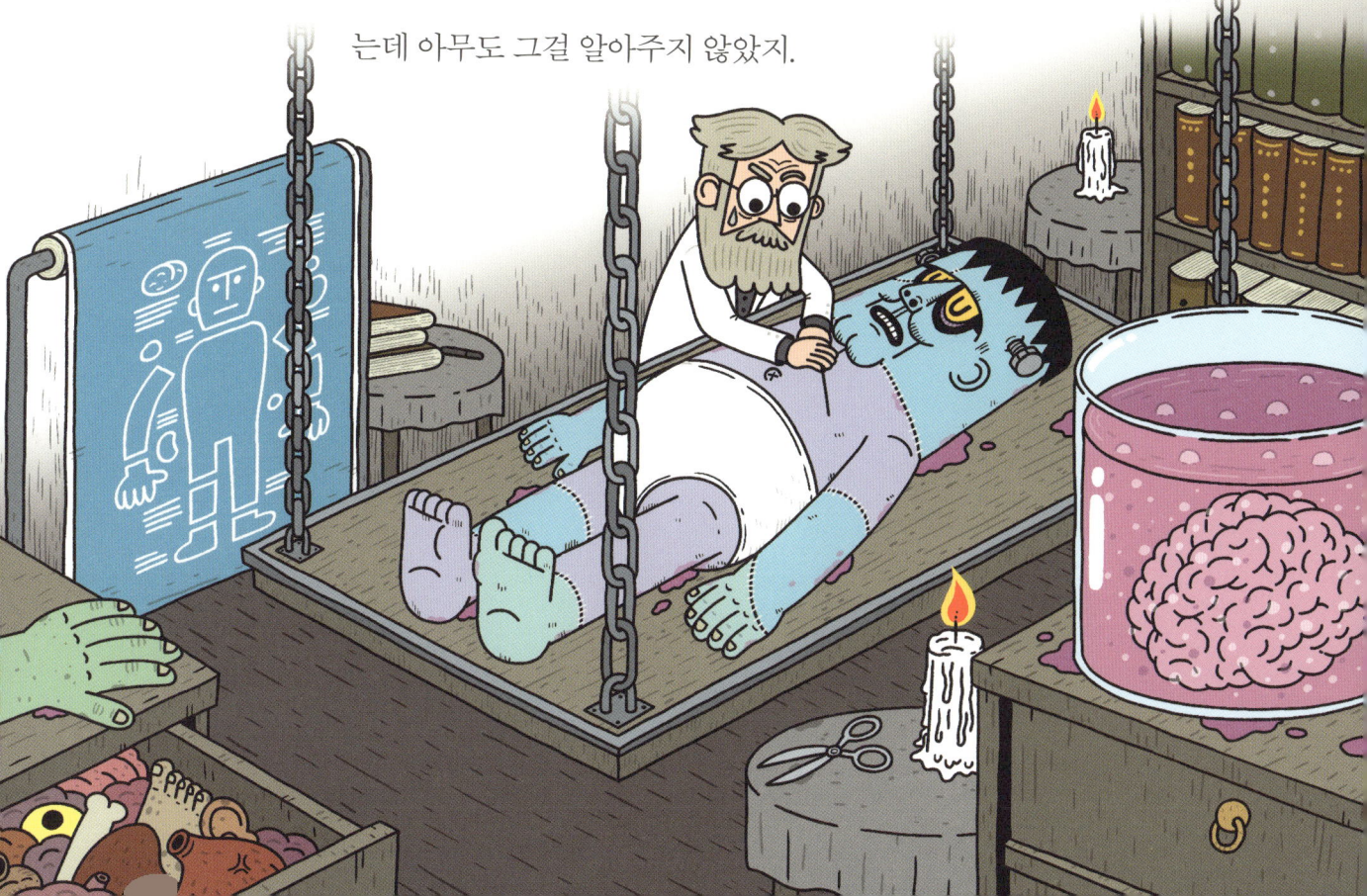

1 마음 읽기

태어나서 버림받은 프랑켄슈타인의 마음은 어땠을까요? 두 가지를 골라 보세요. (　　,　　)

① 기쁨을 느꼈다.　　② 슬픔을 느꼈다.
③ 자부심을 느꼈다.　④ 외로움을 느꼈다.
⑤ 설렜다.

2 마음 읽기

이 글을 읽은 어린이의 마음은 어떨까요? (　　)

① 프랑켄슈타인에게 동정심을 느낀다.
② 프랑켄슈타인에게 질투심을 느낀다.
③ 프랑켄슈타인에게 부러움을 느낀다.
④ 프랑켄슈타인에게 존경심을 느낀다.

3 글 구조 파악

프랑켄슈타인은 자신이 겪은 무섭고 슬픈 일을 세 가지 말했어요. 무엇인지 빈칸을 채우세요.

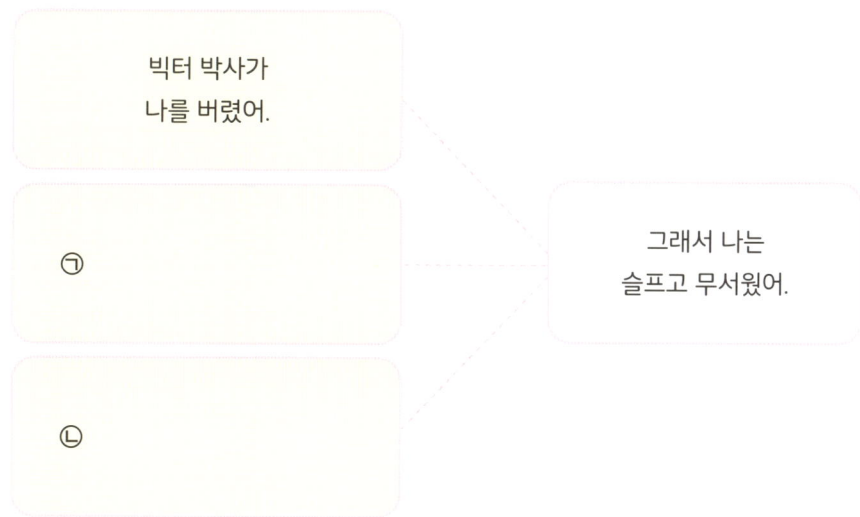

빅터 박사가 나를 버렸어.

㉠

㉡

그래서 나는 슬프고 무서웠어.

 4 표현력 기르기

자신이 프랑켄슈타인이라고 생각해 보세요. 빅터 박사에게 뭐라고 말하고 싶나요? 두 가지만 써 보세요.

5 문맥 활용

㉠은 이 글에서 무슨 뜻일까요? 다른 책 말고 '이 글에서' 말하는 뜻을 추리해 보세요. (   )

① 하늘을 날아다니는 능력 ② 괴물로 변신하는 능력
③ 모든 것을 아는 능력   ④ 생명을 만드는 능력

6

㉡은 실제로 있었던 사람을 뜻해요. '실(實)'은 '열매'라는 뜻과 함께, 실제로라는 의미도 있어요. 빈칸에 알맞은 말을 보기 에서 찾아 쓰세요.

열매 **실** (實) = 실제로

보기
사실(事實)   실화(實話)   확실(確實)   현실(現實)

① 내가 [　　　]은(는) 스파이더맨이라고 친구에게 말했다.

② 내가 스파이더맨이라고 말하자, 친구는 [　　　]을(를) 직시하라고 했다.

③ 바닷가에서 인어 공주를 본 것 같은데, 정말 본 것인지 [　　　]하지 않다.

④ 동화 같은 이야기가 실제로 있었던 [　　　](이)라니 놀랍다.

7

빈칸에 알맞은 말은 보기 에서 찾아 쓰세요.

보기
사실   실화   확실

① 선생님에 대한 소문은 [　　　]이(가) 아닌 것으로 밝혀졌다.

② 사건 현장에서 [　　　]한 증거가 발견되었다.

③ 이 영화는 실제 있었던 [　　　]을(를) 바탕으로 만들었다.

프랑켄슈타인의 후회

나는 죄를 많이 지었어. 사람들을 공격하고 해치기도 했던 거야. 빅터 박사 가족들의 생명을 빼앗는 일까지 저질렀어.

내가 왜 그런 나쁜 짓을 했을까? 나는 앙갚음을 원했던 것 같아. 사람들이 나에게 소리 지르고 공격하니까 나도 똑같이 해 주고 싶었어. 또 나를 버린 빅터 박사가 미워서 더 큰 아픔을 줬던 거야. 그래 알아. 보복은 몹시 나쁜 짓이야. 깊이 후회해. 나는 벌을 받아 마땅해.

빅터 프랑켄슈타인 박사는 추운 북극까지 나를 추격하다가 쇠약해져서 숨을 거뒀어. 숨을 거두면서 그는 ㉠자신이 만든 생명을 버린 걸 후회했던 것 같아. 그건 무책임한 행동이야. 자기 아이나 강아지를 유기하는 것과 다르지 않으니까.

빅터 박사가 숨진 후 나도 사라졌어. 나는 ㉡내 아빠 곁으로 자진해서 떠난 거야. 그렇게 해서 세상은 괴물이 없는 안전한 세상이 되었어.

너희에게 두 가지 당부하고 싶어. 첫 번째로 앙갚음하면 안 돼. 누군가 나쁜 행동을 했다고 나도 똑같아져서는 안 되는 거야. 예를 들어 친구가 나를 미워한다고 나도 친구를 미워하거나, 동생이 심술을 부린다고 나도 똑같이 심술을 부리는 것은 잘못된 행동이야. 차분히 타일러야 옳아. 앙갚음이 아니라 설득하는 게 훌륭한 태도야.

두 번째로 책임감을 느껴야 해. 책임감이란 내가 맡은 일을 열심히 하는 마음이야. 내 방 청소를 내가 하려는 마음도 내 숙제를 열심히 하는 것도 책임감 있는 행동이라고 할 수 있어. 또, 부모님이 자식을 돌보는 것도 책임감 있는 행동이지. 어때 책임감 있는 어린이가 될 수 있겠니? 너희가 책임감 있는 멋진 어린이가 되기를 바랄게. 그럼 안녕.

1 요약하기

보기 에서 알맞은 낱말을 골라 프랑켄슈타인의 두 가지 당부를 요약해 보세요.

보기
앙갚음   보답   희망   책임감

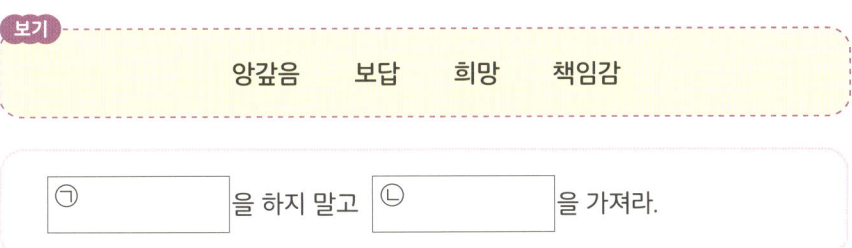
㉠ 을 하지 말고 ㉡ 을 가져라.

2 글 구조 파악

프랑켄슈타인은 책임감 있는 행동이 무엇인지 설명하면서 세 가지 예를 들었어요. 그게 뭐였나요? 빈칸을 채워 보세요.

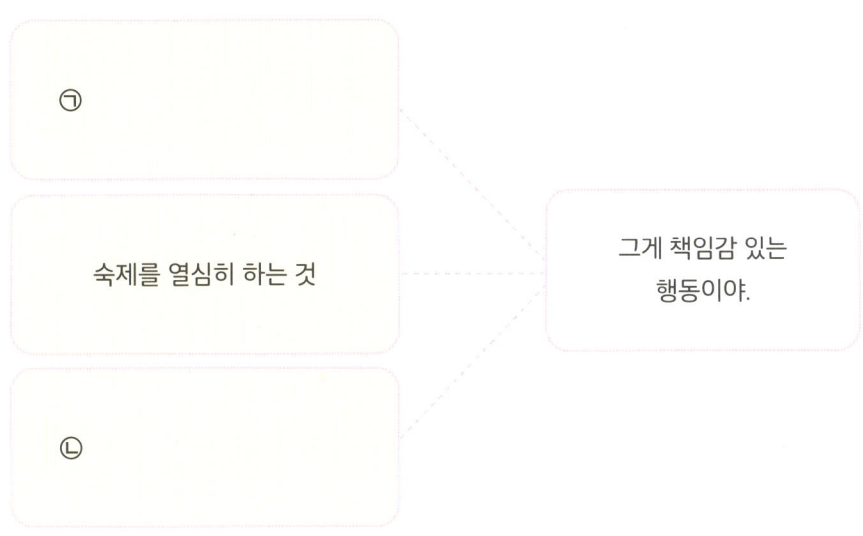

㉠

숙제를 열심히 하는 것

㉡

그게 책임감 있는 행동이야.

3 문맥 활용

㉠과 ㉡은 각각 누구를 가리킬까요? 알맞은 것끼리 연결하세요.

㉠ 자신이 만든 생명   •   • ⓐ 프랑켄슈타인

㉡ 내 아빠   •   • ⓑ 빅터 박사

4 어휘력 키우기

'유기견'이나 '동물 유기'에서 '유기'는 버린다는 뜻이에요. '버릴 기(棄)'를 활용해서 만든 낱말이죠. 보기 에서 알맞은 낱말을 찾아 빈칸을 채워 보세요.

버릴 기(棄) = 버리다

보기
기권(棄權)   유기(遺棄)   폐기(廢棄)   포기(抛棄)

① ☐ 견은 버려진 개를 뜻한다.

② 노력하지 않고 일찍 ☐ 하는 건 좋지 않다.

③ ☐ 물은 버려진 물건이라는 뜻이다.

④ 그 사람은 투표하지 않고 ☐ 했다. 자기 권리를 버린 것이다.

5 낱말 의미 이해

빈칸에 알맞은 낱말을 보기 에서 찾아 쓰세요.

보기
포기   폐기   유기

① 우리는 필요 없는 물건을 쓰레기장에 ☐ 했다.

② 강아지를 숲에 ☐ 하는 것은 나쁜 행동이다.

③ 나는 지치지 않았어. ☐ 하지 않을 것이다.

3장

그리스 신화의 **최고 미녀**

메두사

메두사의 예쁜 얼굴
백설 공주를 만난 메두사
메두사를 물리친 페르세우스

메두사의 예쁜 얼굴

안녕. 나는 그리스 신화의 최고 미녀 메두사라고 해. 맞아 맞아. 괴물이 아니고 미녀라고 했어. 너희의 상식과 다르다고? 너희 상식이 틀렸어. 다 증거가 있거든. 고대 그리스의 작가 아폴로도로스가 내 외모를 이렇게 기록해 놨더라.

꿈틀거리는 뱀들이 머리를 휘감고 있고 크고 뾰족한 돼지 엄니를 가졌으며 손은 청동으로 되어 있다. 또 황금 날개가 있어 하늘을 날 수 있다. 눈을 보는 사람은 모두 돌로 변해 버린다.

정말 비슷해. 나의 아름다운 모습을 정확히 묘사했어.

놀라지 않았니? 나에게는 황금 날개가 있어. 아름다운 날개를 펄럭이며 하늘을 날 수 있다는 거야. 너희는 예쁜 날개가 없지. 내가 부러울 수밖에 없을 거야.

내 손은 또 얼마나 예쁘다고. 청동으로 된 손을 잘 닦아 두면 며칠이고 반짝거려. 너희도 내 손을 보면 눈부시다면서 감탄할 게 분명해.

그리고 사람을 돌로 변하게 만드는 내 눈도 아주 예뻐. 내 눈은 어두운 곳에서도 밝게 빛나. 신비로운 고양이 눈처럼, 밤하늘의 밝은 별처럼 말이야.

크고 뾰족한 엄니도 빼놓을 수 없지. 엄니가 뭐냐고? 멧돼지나 호랑이의 송곳니처럼 입 밖으로 툭 튀어나온 이빨을 말해. 내 엄니는 맛있는 고기를 싹둑 잘라 먹을 때 아주 편리해. 또 잘 만든 조각품처럼 뾰족하고 예뻐.

그래도 머리의 뱀들은 징그럽지 않냐고? 전혀 그렇지 않아. 매끈하고 길쭉한 뱀들은 하나같이 예뻐. 아름다운 꽃으로 만든 화관 같아.

나는 황금빛 날개가 있고 손과 눈이 반짝거리며 엄니는 조각품 같아. 그리고 예쁜 뱀으로 머리를 치장했어. 아름다울 거 같지? 그래서 나를 그리스 신화의 최고 미녀라고 얘기하는 거야.

1 메두사는 왜 이 글을 썼을까요? (　　)

중심 내용 파악

① 자신의 지혜를 자랑하려고
② 자신의 부를 자랑하려고
③ 자신의 미모를 자랑하려고
④ 자신이 아주 힘이 세다고 자랑하려고

2 메두사는 자기가 최고 미녀인 이유를 다섯 가지로 말했어요. ㉠과 ㉡에 알맞은 이유를 문장으로 쓰세요.

글 구조 파악

㉠

손이 예쁘다.

눈이 아주 예쁘다.

엄니가 조각품처럼 뾰족하고 예쁘다.

㉡

그래서 나는 최고 미녀다.

3 표현력 기르기

"나는 장점이 많은 어린이다."라고 주장하려면, 어떤 이유를 들어야 할까요? 나의 생각대로 ㉠ ~ ㉢을 채워 보세요.

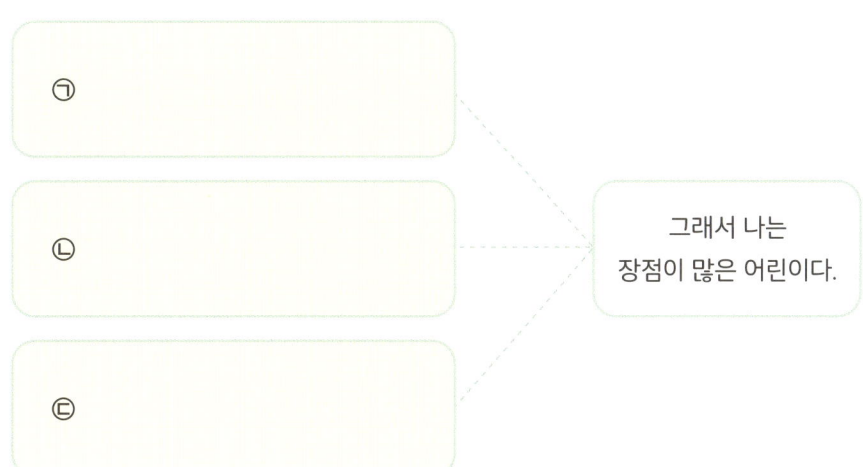

4 추론하기

다음 중 이 글의 내용과 맞지 <u>않는</u> 것은 무엇인가요? 두 가지를 골라 보세요. (,   )

① 메두사는 자아도취에 빠져 있다.
② 작가 아폴로도로스는 메두사의 얼굴을 본 적이 있다.
③ 메두사는 하늘을 날아다닐 수 있다.
④ 메두사는 채식주의자다.

백설 공주를 만난 메두사

오랜만에 백설 공주를 만났어. 궁금한 게 있어서였어. 백설 공주는 왜 도와주는 사람이 많을까? 사냥꾼은 거짓말로 왕비를 속여서 백설 공주를 살려 줬지. 또 숲속을 헤맬 때는 난쟁이들이 도와줬고, 독 사과를 먹고 쓰러지자 왕자가 나타나서 살려 줬어. 백설 공주가 많이 사랑받는 비결은 뭘까? 백설 공주는 이렇게 대답했어.

"내가 예뻐서 그런 것 같아. 예쁘니까 사람들이 좋아하고 도와주는 거야. 새하얀 피부와 커다란 눈이 유달리 매력적이라고 나는 생각해."

나는 자아도취에 빠진 백설 공주 때문에 짜증스러웠지만, ㉠미소를 잃지 않고 말했어.

"그게 비결이구나. 백설 공주야, 정말 부럽다."

그런데 백설 공주가 뜻밖의 말을 하기 시작했어.

"메두사야, 잘 들어. 내가 처음 고백하는 건데 나는 네가 무척 부러워."

"뭐가 부러운데? 뱀들이 꿈틀거리는 머리카락? 멧돼지 엄니? 사실 내 눈에는 아주 예뻐. 사랑스러워서 못 견디겠어. 그런데 사람들이 싫어해서 무척 속상해."

백설 공주는 진지하게 속마음을 털어놨어.

"나는 너무 약해. 아무 힘이 없어. 사냥꾼, 난쟁이, 왕자의 도움 없이는 살 수 없었어. 그런데 너는 힘이 강해. 너의 집에 침입한 사람들과 맞서 싸우는 모습이 너무 멋있어. 너는 강해서 아름다워. "

"정말 내가 아름다워?"

"그럼. 그리고 또 있어. 나는 의존적이고 너는 독립적이야. 나는 사냥꾼, 난쟁이, 왕자에게 기대서 살지만, 너는 누구의 도움 없이 혼자 살아. 독립적인 모습이 무척 아름다워. 너는 멋있어. 나는 너의 팬이야."

세상에나 백설 공주가 나 메두사를 부러워하다니 놀랐어. 나도 멋있는 점이 있다는 걸 아니까 기분이 무척 좋아졌어. 고마워, 백설 공주야. 나는 너를 더 좋아하게 되었어. 이제 나도 너의 팬이야.

1 제목 정하기

이 글의 제목으로 알맞은 것은? (   )

① 백설 공주가 왕자를 좋아하는 이유
② 백설 공주가 메두사를 부러워하는 이유
③ 백설 공주가 예뻐진 비결
④ 백설 공주가 왕비를 싫어하는 이유

2 내용 이해

다음 중, 사실이 아닌 것은 무엇인가요? 두 가지를 골라 보세요.

(,   )

① 메두사는 백설 공주를 처음 만났다.
② 메두사는 이전부터 백설 공주에게 우월감을 느꼈다.
③ 메두사는 백설 공주를 더 좋아하게 되었다.
④ 메두사는 백설 공주가 많이 사랑받은 비결이 궁금했다.

3 마음 읽기

㉠에서 메두사는 계속 미소를 지으려고 노력했어요. 왜 그랬을까요?

(   )

① 백설 공주의 이야기가 재미있어서
② 메두사는 웃는 모습이 예뻐서
③ 백설 공주의 마음을 상하게 하지 않기 위해서
④ 백설 공주를 무섭게 만들지 않으려고

4 백설 공주는 왜 메두사가 멋있다고 주장했을까요? 그 두 가지 이유를 적어 보세요.

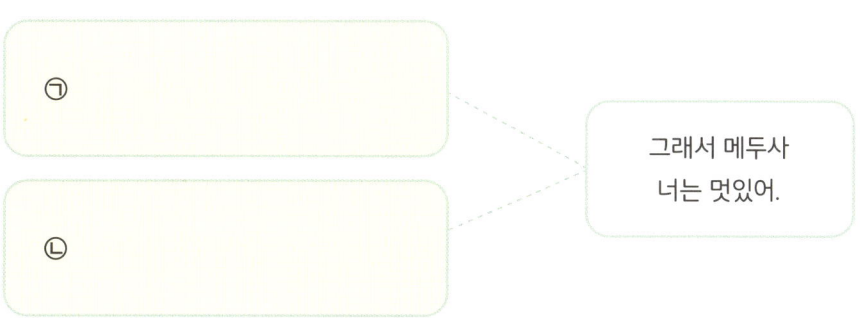

5 "엄마는 멋있어요."라고 주장하려고 해요. 주장에 알맞은 두 가지 이유를 적어 보세요.

메두사를 물리친 페르세우스

　최고 ㉠미녀인 나를 사람들은 참 미워했어. 페르세우스가 특히 유별났지. 너희 인간들이 영웅이라고 부르는 페르세우스는 어느 날 내가 사는 섬으로 몰래 들어와서 나를 공격했지 뭐야. 만일 정정당당하게 일대일로 싸웠다면 내가 이겼을 거야. 그런데 그를 도와준 신들이 너무 많아서 내가 졌어. ㉡중과부적이었지.

　페르세우스는 무엇이든 다 벨 수 있는 제우스의 칼과 아테나의 신비로운 방패를 들고 있었어. 또 머리에 쓰면 투명 인간이 되는 하데스의 투구도 갖고 있었지. 페르세우스는 무기 ㉢부자였던 거야. 그런데 제우스가 왜 나서서 페르세우스를 도왔을까? 알고 보니 둘은 ㉣부자 관계였어.

　나는 페르세우스가 도둑고양이처럼 우리 집에 숨어드는 걸 못 봤어. 투명 투구를 쓰고 있었기 때문이야. 그래도 내 얼굴을 쳐다봤다면 페르세우스는 꼼짝없이 돌이 되었을 텐데. 그는 영악했어. 직접 보는 대신 방패에 반사된 내 모습을 보면서 칼로 공격했던 거야. 방패에는 내 모습이 흐리게 비쳤기 때문에 페르세우스는 돌덩이가 되지 않았어.

원통해. 많은 신의 도움을 받으며 덤벼들었으니 내가 이길 도리가 없었어. 나는 곧장 하늘나라로 갈 수밖에 없었어. 그때를 생각하면 지금도 분하고 슬퍼.

1 내용 이해하기

이 글을 읽고 알 수 있는 것은 무엇인가요? 두 가지를 골라 보세요.

(,)

① 페르세우스가 메두사를 공격한 이유

② 페르세우스를 도운 신의 이름

③ 페르세우스의 생김새

④ 페르세우스의 작전

2 어휘력 키우기

㉠에서 '미(美)'는 아름답다는 뜻입니다. 보기 에서 알맞은 낱말을 골라 빈칸을 채워 보세요.

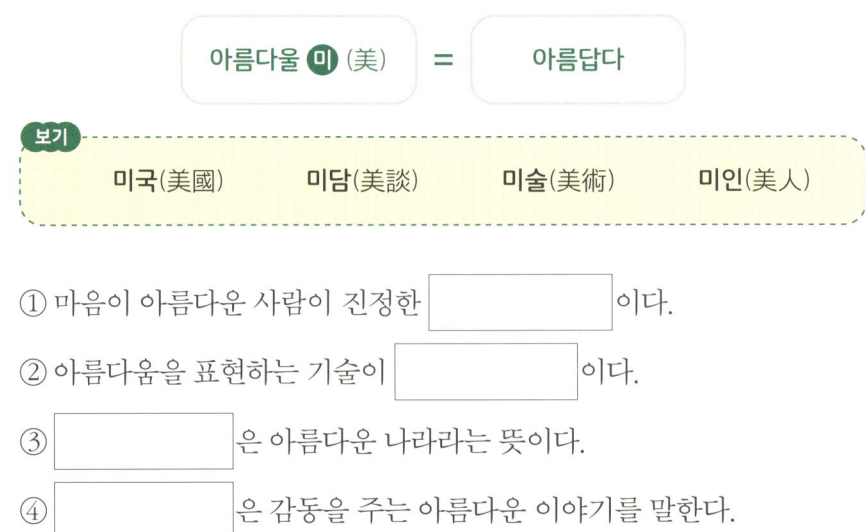

① 마음이 아름다운 사람이 진정한 ☐ 이다.

② 아름다움을 표현하는 기술이 ☐ 이다.

③ ☐ 은 아름다운 나라라는 뜻이다.

④ ☐ 은 감동을 주는 아름다운 이야기를 말한다.

3 문맥 활용

ⓒ은 무슨 뜻일까요? (　　)

① 적보다 힘이 약해서 졌다.
② 적보다 용기가 없어서 졌다.
③ 적보다 수가 적어서 졌다.
④ 작전을 잘못 세워서 졌다.

4 문맥 활용

ⓒ의 부자와 ⓔ의 부자에 대해 바르게 설명한 것은? 두 가지를 골라 보세요. (　　,　　)

① ⓒ은 아버지와 아들이라는 뜻이다.
② ⓔ은 돈이 많은 사람이라는 뜻이다.
③ ⓒ은 돈이 많은 사람이라는 뜻이다.
④ ⓔ은 아버지와 아들이라는 뜻이다.

4장

무서운 흡혈귀

뱀파이어

반 헬싱 박사가 설명하는 뱀파이어
반 헬싱 박사와 드라큘라의 대결
안전한 뱀파이어 에드워드

반 헬싱 박사가 설명하는 뱀파이어

나는 에이브러햄 반 헬싱 박사야. 줄여서 '반 헬싱 박사'라고 부르면 돼. 뭐 하는 사람이냐고? 유명한 뱀파이어 퇴치 전문가야. 내가 유명해진 건 소설 《드라큘라》 덕분인데, 그 이야기는 잠시 후에 하고 뱀파이어의 뜻과 특징부터 설명할게.

'흡혈귀'라고도 불리는 뱀파이어는 사람을 공격해서 피를 빨아먹는 귀신 또는 괴물을 말해. 왜 그런 짓을 하냐고? 뱀파이어에게 피는 식물이 쬐는 햇빛과 같기 때문이야. 인간의 피가 없이는 뱀파이어가 생명을 유지할 수 없다는 거지. 유럽, 아시아, 아프리카 가릴 것 없이 많은 문화권에서 오래전부터 뱀파이어 전설이 전해지고 있어.

뱀파이어의 특징은 세 가지로 요약할 수 있어. 야행성과 변신 능력과 거울에 반사되지 않는다는 점이야. 먼저 뱀파이어는 주로 밤에 활동해. 박쥐, 전갈, 부엉이 같은 야행성 동물과 비슷해. 어떤 뱀파이어는 늑대나 까마귀 같은 동물로 변할 수도 있어. 또 거울에 모습이 비치지 않는 일부 뱀파이어도 있지. 뱀파이어들은 대체로 깔끔한데 얼굴이 유난히 꾀죄죄한 애들도 가끔 있어. 너희가 이해해 줘. 거울을 볼 수 없어서 그런 거야.

1 중심 내용 파악

이 글은 무엇에 대해 설명하고 있나요? (　　)

① 뱀파이어의 얼굴이 더러운 이유
② 뱀파이어를 물리치는 방법
③ 뱀파이어의 뜻과 특징
④ 뱀파이어 전설이 생겨난 까닭

2 추론하기

다음 중 누가 뱀파이어를 만나도 안전할까요? 답은 두 가지예요.
(　　,　　)

① 산타클로스　　② 피노키오　　③ 장미꽃　　④ 비티에스(BTS)

3 정확히 읽기

뱀파이어의 특징에 대해서 읽고 친구들이 한 말이에요 글의 내용에 맞는 것은 어느 것인가요? 본문의 밑줄 친 '주로', '어떤', '일부'에 조심하면서 문제를 풀어 보세요. (　　)

① 낮에 활동하는 뱀파이어는 없다.
② 모든 뱀파이어는 늑대로 변신할 수 있다.
③ 거울에 비치는 뱀파이어도 있다.

낱말과 그에 알맞은 뜻을 연결해 보세요.

① 퇴치 • • ⓐ 유달리 눈에 띄는 성질

② 야행성 • • ⓑ 물리쳐서 없앰

③ 특징 • • ⓒ 깨끗하지 않고 지저분하다

④ 꾀죄죄하다 • • ⓓ 밤에 활동하는 동물의 습성

반 헬싱 박사와 드라큘라의 대결

혹시 잊었을지도 모르니까 다시 소개할게. 나는 반 헬싱이야. 내 이름을 딴 영화도 있지만 그래도 나를 처음 유명하게 만든 건 뭐니 뭐니 해도 《드라큘라》라는 소설이야. 그 소설은 1897년에 영국에서 출간되어서 세계적인 명작이 되었지. 작가 이름은 브램 스토커야. 참고로 말하면 작가는 이름이 스토커이지만 스토킹하는 못된 스토커와는 관계없으니까 오해는 하지 말아 줘.

소설 제목에 쓰인 드라큘라는 아주 강하고 무서운 뱀파이어의 이름이야. 늑대로 변하기도 하고 몸이 무척 빠르고 머리도 굉장히 좋아. 원래는 트란실바니아의 크고 음습한 드라큘라 성에 살았는데 어느 날 영국으로 숨어들어 와서 사람들을 공격하기 시작했어. 이 흡혈귀에 물린 희생자들은 병에 걸리거나 죽었어. 그리고 죽은 후에 뱀파이어가 되어서 다시 살아나는 사람도 있었지.

얼마나 무서웠겠니? 그냥 두면 안 되겠다 싶어서 나 반 헬싱과 몇몇 동료들이 나설 수밖에 없었어. 우리는 드라큘라를 물리치는 게 목적이었고 그 목적을 이루었어.

드라큘라를 어떻게 물리쳤냐고? 놈들이 무서워하는 물건을 썼지. 먼저 마늘을 이용했어. 마늘로 만든 목걸이를 걸면 뱀파이어가 물지 못해. 십자가를 갖고 있어도 공격하지 못해. 들장미 가시도 위력적이야. 뱀파이어를 움직이지 못하게 만드니까. 총이나 나무 말뚝을 이용해서 뱀파이어의 숨통을 끊을 수도 있어.

나와 친구들이 공격하니까 드라큘라는 영국에서 빠져나가 트란실바니아로 달아났어. 우리는 놈이 숨어 있는 드라큘라 성까지 쫓아갔지. 거기에는 여자 뱀파이어가 셋이 있었어. 그림자가 없는 게 특징이었고 역시 강한 힘을 갖고 있었지만, 우리를 당할 수는 없었지. 마지막에는 드라큘라도 처치했어. 우리의 공격을 받은 드라큘라가 어떻게 되었는지 아니? 먼지가 되어서 사라져 버렸어. 그렇게 해서 세상은 안전해졌고 나는 친구들과 다시 영국으로 돌아왔어.

그런데 드라큘라 같은 뱀파이어가 정말 있을까? 나 반 헬싱이 실존 인물이 아니듯이 뱀파이어도 사람들이 상상해서 만든 괴물일 뿐이야. 뱀파이어는 현실에는 없고 사람들의 머릿속에만 있다고 생각하면 돼. 피터 팬의 후크 선장이 너희를 괴롭힐 수 없듯이 뱀파이어도 너희 앞에 나타날 수 없으니까 안심해.

1 이 글의 내용과 맞지 않는 것은? (　　　)

① 뱀파이어는 마늘을 싫어한다.
② 드라큘라는 미국 뉴욕에서 사람들을 공격했다.
③ 그림자가 없는 뱀파이어도 있다.
④ 뱀파이어를 만든 것은 상상력이다.

2 다음 물음에 답하세요.

㉠ 반 헬싱 박사가 등장하는 뱀파이어 소설의 제목 : _____
㉡ 책이 출간된 해 : _____
㉢ 책이 출간된 나라 : _____
㉣ 작가 이름 : _____

3 '영국'과 '트란실바니아' 중 _____ 안에 들어갈 알맞은 말을 쓰세요.

(가) 드라큘라는 ㉠_____에 살다가 ㉡_____(으)로 갔고 다시 ㉢_____(으)로 왔다.

(나) 반 헬싱 박사는 ㉠_____에 살다가 ㉡_____(으)로 갔고 다시 ㉢_____(으)로 왔다.

4 드라큘라가 무서워하는 물건 세 가지를 쓰세요.

_____

5 어휘력 키우기

작가에서 작(作)은 '만들다'라는 뜻이에요. 보기 에서 알맞은 단어를 찾아 빈칸을 채워 보세요.

만들 작(作) = 만들다

보기
작가(作家)　　작곡(作曲)　　작심(作心)　　작품(作品)

① 이 책을 쓴 [　　　　](이)가 누구일까?

② 이건 피카소의 유명한 [　　　　]이다.

③ [　　　　]은(는) 마음을 굳게 정했다는 뜻이다.

④ 그 음악을 누가 [　　　　]했을까?

6 낱말 의미 이해

다음 밑줄 친 낱말은 그 쓰임이 적절치 않아요. 보기 에서 알맞은 단어를 골라 바르게 고쳐 보세요.

보기
작심　　걸작　　작사

① 내 그림은 너무나 훌륭해. 아무리 봐도 졸작이다. (　　　　)

② 나는 커서 노래 가사를 쓰는 사람이 되고 싶다. 작곡가가 꿈이라는 말이다. (　　　　)

③ 또 늦잠을 자고 말았어. 일찍 일어나겠다고 마음먹었는데, 이번에도 결심삼일이었다. (　　　　)

안전한 뱀파이어 에드워드

　내 이름은 에드워드야. 고등학생이고 미국에 살아. 〈트와일라잇〉이라는 영화에 출연했던 슈퍼스타 뱀파이어지. 나는 멋있고 매너가 좋을 뿐 아니라 특별한 능력도 있어. 수십 가지 능력 중에서 여기서는 겨우 네 가지만 자랑해야 하는 게 무척 불만이야.

　첫 번째로 나는 영원한 생명력을 갖고 있어. 달리 말해서 나는 나이를 먹지 않아. 지금 열일곱 살인데 백 년 후에도 지금 이 모습 그대로일 거야. 사람은 늙어 죽잖아. 하지만 뱀파이어의 생명은 영원해. 굶지 않고 사고당하지 않는 한 우리는 불멸의 존재야.

　두 번째로 나는 체력이 아주 강해. 여자 친구를 등에 업고 산 정상까지 휘리릭 뛰어 올라갈 수 있어. 또 자동차보다 힘이 세. 어느 날 여자 친구가 차에 치일 뻔했어. 내 여자 친구는 평범한 사람이어서 크게 다칠 수 있었어. 그때 내가 빛처럼 빠르게 달려가서 차를 세웠지. 맨손으로 차를 막아서 멈춘 거야. 놀랍지 않니? 나는 헐크처럼 강한 힘을 갖고 있어.

　내게는 독심술도 있어. 책을 읽는 것은 독서이고 마음을 읽는 것은 독심이야. 그러니까 독심술은 마음을 읽는 기술이지. 나는 사람들이 무슨 생각을 하는지 다 알아. ㉠모두 내 앞에서는 거짓말하지 마.

나를 속이는 건 불가능하니까.

　나의 능력 중 가장 중요한 게 남았어. 나는 자제력이 굉장히 뛰어나. 자기 마음을 억제하는 힘이 자제력이야. 화가 난 마음을 누를 수 있다면 자제력이 강한 거지. 짜증이 나도 참고 친절하게 말하면 역시 자제력이 뛰어난 어린이야. 나처럼 자제력이 강한 뱀파이어는 사람을 해치지 않아. 동물을 사냥해서 사람 피 대신 동물 피로 배를 채우지. 나는 위험하지 않으니까 나를 만나도 불안해하지 마. 물론 나 말고 다른 뱀파이어는 조심해야 해. ㄴ<u>모두가 나처럼 안전한 뱀파이어는 아니니까.</u>

1 요약하기

이 글에서 에드워드는 자신의 능력 중 네 가지를 자랑했어요. 보기 에서 낱말을 골라서 빈칸을 채우세요.

> **보기**
>
> 자제력   생명력   체력   독심술

에드워드에게는 네 가지 특별한 능력이 있다. 영원한 ㉠ [   ], 강한 ㉡ [   ], 남의 마음을 읽는 ㉢ [   ], 자기 마음을 억제하는 ㉣ [   ] 이다.

2 추론하기

이 글을 읽고 여러 짐작을 했어요. 바르게 짐작한 것은 어느 것인가요? (   )

① 뱀파이어도 사람처럼 늙는다.
② 뱀파이어와 인간은 사랑에 빠질 수 있다.
③ 뱀파이어는 사람 마음을 조종할 수 있다.
④ 뱀파이어는 절대 죽지 않는다.

3 문맥 활용

㉠에서 에드워드는 "모두 내 앞에서는 거짓말하지 마."라고 했어요. 이때 '모두'는 누구일까요? (   )

① 모든 뱀파이어를 말한다.
② 글을 읽는 모든 어린이를 말한다.
③ 숲속의 모든 동물을 말한다.

4 문맥 활용

ⓒ에서 에드워드는 "모두가 나처럼 안전한 뱀파이어는 아니니까."라고 말했어요. 여기서 '모두'는 누구일까요? (   )

① 모든 뱀파이어를 말한다.
② 글을 읽는 모든 어린이를 말한다.
③ 숲속의 모든 동물을 말한다.

5 어휘력 키우기

이 글에는 불만, 불멸, 불가능, 불안이라는 낱말이 나와요. 여기서 불(不)은 '아니다'라는 뜻이에요. 보기 에서 알맞은 낱말을 찾아 빈칸을 채워 보세요.

아니 불(不) = 아니다

보기
불가능(不可能)   불만(不滿)   불멸(不滅)   불안(不安)

① 나는 다 마음에 안 들어. 난 _____ 이 아주 많아.
② 제우스는 영원히 죽지 않는 영원 _____ 하는 신이다.
③ 코끼리가 하늘을 나는 것은 _____ 하다.
④ 마음이 편안하지 않아. 내 마음은 _____ 하다.

6 낱말과 뜻 설명이 맞도록 줄 잇기를 해 보세요.

① 불행 • • ⓐ 법에 어긋난다.

② 불법 • • ⓑ 기분이 유쾌하지 않다

③ 불쾌 • • ⓒ 행복하지 않다.

④ 불효 • • ⓓ 효가 아니다.

7 다음 밑줄 친 낱말은 그 쓰임이 적절치 않아요. 보기 에서 알맞은 단어를 골라 바르게 고쳐 보세요.

> 보기
> 불행   불쾌   효도   불법

① 나는 요즘 엄마 아빠를 많이 도와드린다. 나는 불효하고 있다.
(   )

② 이 고양이는 보호자를 잃었고 병도 났다. 아주 행복한 고양이다.
(   )

③ 남의 돈을 훔치는 것은 합법이다. 도둑은 처벌받아야 한다.
(   )

④ 친구와 다투어서 기분이 너무 유쾌하다.   (   )

5장

벌거숭이 괴물

투명 인간

투명 인간이 되면 좋을까?
투명 인간의 최후
원더우먼, 도깨비, 투명한 동물들

투명 인간이 되면 좋을까?

반가워. 내 이름은 그리핀이야. 영국 작가 허버트 조지 웰스가 쓴 소설 《투명 인간》의 주인공이지. 그러니까 나는 투명해. 코앞에 있어도 너희는 내가 보이지 않을 거야.

내가 타고난 투명 인간인 것은 아니야. 원래는 평범한 대학생이었는데 우연히 투명한 것들에 대한 호기심을 느끼게 되었어. 특히 해파리가 물속에서 투명한 이유가 무척 궁금했지. 호기심을 참지 못한 나는 밤새워 생물학과 화학 공부를 열심히 했고 마침내 투명해지는 방법을 알아냈지. 그리고 나 스스로 투명 인간이 되기로 했던 거야.

너희도 투명 인간이 되고 싶지 않니? 투명 인간의 가장 좋은 점은 자유롭다는 거야. 간섭이나 통제가 완전히 사라져. 너희가 투명 인간이 되었다고 생각해 봐. 온종일 게임을 해도 엄마 아빠는 모를걸. 또 학교에서 공부 시간에 잠을 자도 선생님이 야단칠 리가 없어. 보이지 않는데 어떻게 간섭하고 야단치겠니?

그런데 투명해지면 나쁜 점도 생겨. 먼저 잘생긴 얼굴을 자랑하는 게 불가능해. 나처럼 잘생긴 사람은 귀한데 자랑할 수가 없어서 무척 안타까웠어.

옷을 입는 것도 불편해. 투명해지려면 한겨울에도 옷을 다 벗고 있어야 해. 내가 옷을 입고 다니면 옷만 걸어 다니는 것처럼 보여서 사람들이 놀라서 비명을 지르지. 꼭 옷을 입어야 할 때라면 나는 얼굴에 붕대를 칭칭 감아. 사람들에게는 내가 미라처럼 보일 거야.

투명 인간은 음식 먹는 것도 힘들어. 내가 빵을 먹으면 사람들 눈에는 빵 조각이 허공에 둥둥 떠다니는 것처럼 보여. 그래서 사람들이 없을 때 숨어서 음식을 먹어야 해.

그런데 가장 참기 힘든 것은 외로움이야. 새로운 친구를 사귈 수 없거든. 서로 얼굴을 바라보며 대화해야 친해질 텐데 나는 투명하니까 그런 대화가 불가능해.

결론이 뭐냐고? 투명 인간이 되면 자유를 얻지만, 여러 불편함이 따른다는 이야기야. 너희라면 투명 인간이 되겠니?

1 중심 내용 파악

이 글의 제목으로 알맞은 것은 어느 것인가요? (　　)

① 투명 인간이 되면 좋은 점
② 투명 인간이 되면 나쁜 점
③ 투명 인간의 모든 것
④ 투명 인간의 좋은 점과 나쁜 점

2 추론하기

이 글을 읽고 짐작한 것으로 틀린 것은 어느 것일까요? 두 가지를 골라 보세요. (　　,　　)

① 그리핀은 태어날 때부터 투명했다.
② 투명 인간은 친구가 매우 많다.
③ 투명 인간은 눈밭에 발자국을 남길 것이다.
④ 투명 인간이 사람 많은 곳에서 재채기하면 사람들이 깜짝 놀랄 수 있다.

3 어휘력 키우기

자유에서 '자(自)'는 '저절로' 또는 '스스로'를 뜻해요. 그 글자로 시작되는 낱말들은 아주 많아요. 보기에서 알맞은 낱말을 찾아 빈칸을 채워 보세요.

스스로 자(自) = 저절로, 스스로

보기
자신(自身)   자연(自然)   자유(自由)   자전(自轉)

① 나는 [　　　]롭다. 간섭받지 않는다.

② 강이나 산 같은 [　　　]을(를) 보호해야 한다.

③ 남만 좋아하지 말고 너 [　　　]을(를) 사랑해라.

④ 지구가 [　　　]하기 때문에 낮과 밤이 생긴다.

4 낱말 의미 이해

다음 밑줄 친 낱말은 그 쓰임이 어색해요. 보기에서 알맞은 단어를 골라 바르게 고쳐 보세요.

보기
자신감   자격루   자율

① 세종 대왕 때 만들어진 물시계 이름은 <u>자동차</u>다. (　　　)

② 할 수 있다는 <u>자책감</u>을 가져 봐. (　　　)

③ 네가 알아서 <u>타율</u>적으로 행동하면 된다. (　　　)

투명 인간의 최후

투명해진 후 나는 갈수록 나쁜 사람이 되었어. 갖은 악행을 저질렀지. 공짜 음식을 먹거나 백화점에 전시된 침대에 누워 자는 것은 나쁜 일 축에도 못 끼어. 나는 사람들의 물건을 차지하거나 남의 집에 들어가서 돈을 훔치기도 했어. 또 경찰이 나를 추격하자 총을 빼앗아서 경찰을 쏘기도 했지. 욕심이 점점 커지면서 나는 더 많은 나쁜 짓을 했어.

사람들은 공포감에 휩싸였어. 나쁜 투명 인간이 언제 자신을 공격할지 몰라서 무서워했지. 나 때문에 불신도 커졌어. 사람들은 이웃이 찾아와도 문을 열어 주지 않았어. 문이 열리면 내가 몰래 들어

갈 수도 있으니까 말이야. 서로 의심하는 마음의 지옥을 투명 인간이 만들었던 거야.

　나쁜 짓을 저지른 나는 끝내 벌을 받고 말아. 아주 비참한 최후를 맞았지. 경찰과 시민들이 ㉠개를 앞세워서 나를 추적했어. 나는 달아나려고 했지만, 결국 붙잡혀서 공격당했어. 내가 생명을 잃었을 때 깜짝 놀랄 일이 생겼어. 투명했던 몸이 원래대로 불투명해진 거야. 드라큘라는 죽어서 먼지가 되었고, 투명 인간은 원래의 불투명한 인간으로 되돌아간 거야.

　나는 내가 나쁜 사람이 될 거라고 상상하지 못했어. 나도 바르고 착한 사람으로 살고 싶었어. 그런데 투명해지는 능력이 생긴 후로 나는 점점 악한이 되고 말았어. 만일 투명 인간이 되지 않았다면 나는 평범하게 살았을 것 같아. 왜 투명 인간이 되려 했을까. 나 자신이 싫고 원망스러워.

1 마음 읽기

이 글을 쓴 투명 인간의 마음은 어땠을까요? 두 개를 골라 보세요.

(,)

① 자부심을 느꼈다.
② 들뜬 기분이었다.
③ 후회하는 마음이었다.
④ 자책감을 느꼈다.

2 추론하기

경찰과 시민들이 투명 인간을 추적할 때, 개를 앞세운 이유는 무엇일까요?

( )

① 개는 투명 인간과 친하니까.
② 개는 투명 인간이 보이니까.
③ 개는 투명 인간의 냄새를 맡을 수 있으니까.
④ 개는 무척 귀여우니까.

3 추론하기

투명 인간은 무엇 때문에 나쁜 짓을 하게 되었을까요? ( )

① 마법사의 저주에 걸려서
② 나쁜 친구의 꾐에 넘어가서
③ 자신의 욕심 때문에
④ 남을 도우려고 물건을 훔치다가

4. 낱말 의미 이해

보기에서 알맞은 낱말을 찾아 빈칸을 채워 보세요.

> 보기
>
> 의심   평범   악행   불투명

① 특별하지 않고 보통인 사람을 [   ] 한 사람이라고 부른다.

② 남을 믿지 못하는 마음을 [   ] 이라고 부른다.

③ 나쁜 행동을 [   ] 이라고 부른다.

④ 빛이 통과하지 않는 물체를 [   ] 한 물체라고 부른다.

5. 낱말 의미 이해

반대말끼리 줄로 연결해 보세요.

① 악행　　　•　　　　•　ⓐ 투명

② 불투명　　•　　　　•　ⓑ 선행

③ 평범　　　•　　　　•　ⓒ 비범

④ 의심　　　•　　　　•　ⓓ 믿음

원더우먼, 도깨비, 투명한 동물들

투명한 것으로는 내가 가장 유명하지만, 투명해지는 능력을 지닌 사람과 동물이 더 있어.

먼저 원더우먼이 유명해. 원더우먼은 여자 슈퍼히어로인데 아주 힘이 세고 정의롭지. 그리고 무기도 많은데 투명 인간인 내가 가장 좋아하는 건 바로 투명 비행기야. 그 비행기를 타면 아무에게도 보이지 않고 레이더에도 나타나지 않으니까 가고 싶은 곳으로 마음대로 이동할 수 있거든. 정말 멋지지 않니?

도깨비도 투명해지는 능력이 있어. 도깨비감투라는 모자가 있는데, 사람도 이 모자를 쓰면 눈에 보이지 않게 돼. 또 감투를 쓴 사람이 만진 물건도 투명해져. 도깨비감투를 쓰고 도둑질하다가 붙잡혀서 혼난 사람에 대한 옛날이야기도 있어.

그런데 원더우먼이나 도깨비감투가 정말 있을까? 둘은 사람들이 지어낸 이야기에 나와. 정말 있는지는 알 수 없지. 그런데 투명한 생명체는 실제로 있단다.

㉠해파리는 물속에서 투명해. 또 몸이 투명해서 내장까지 다 보이는 투명 ㉡물고기도 있어. 또 몸이 투명해서 유리 ㉢개구리라고 불리는 동물도 있단다. 혹시 유리 날개 나비라고 들어 봤니? 날개가

유리처럼 투명해서 아주 신비롭고 예뻐. 투명 인간처럼 투명한 동물은 ㄹ실재로 우리 주변에 있어. 놀라운 일이지?

1 이 글의 내용과 맞는 것은? (　　)

① 원더우먼은 몸이 투명해진다.
② 도깨비감투를 쓰면 하늘을 날 수 있다.
③ 모든 개구리는 투명하다.
④ 투명 인간은 투명 비행기를 좋아한다.

2 이 글에서 소개된 투명한 동물은 모두 네 가지예요. 모두 적어 보세요.

_____

3 원더우먼과 도깨비감투를 쓴 사람이 한 팀인데 팀 이름이 A예요. 또 해파리, 투명 물고기, 유리 개구리, 유리 날개 나비가 한 팀인데 팀 이름은 B예요. 글에서 설명된 A와 B의 가장 큰 차이는 무엇인가요? (　　)

① A는 멋있고 B는 징그럽다.
② A는 지어낸 이야기에 나오고 B는 실제로 있다.
③ A는 힘이 세고 B는 힘이 약하다.
④ A는 날아다니고 B는 뛰어다닌다.

4 ㉠ ~ ㉣을 맞춤법에 맞게 고쳐 보세요.

㉠ 헤파리 →　　　　　　　㉡ 물괴기 →
㉢ 게구리 →　　　　　　　㉣ 실재로 →

82

6장

보름달을 사랑하는 늑대 인간

보름달이 뜨면 늑대 인간은 행복해
늑대 인간을 물리치고 싶니?
왜 우리 늑대만 미워하니?

보름달이 뜨면 늑대 인간은 행복해

나는 늑대 인간이야. 평소에는 초라한 인간이었다가 보름달이 뜨면 멋있는 늑대로 변하지.

변신 과정을 설명해 줄게. 먼저 사람 다리가 튼튼한 늑대 뒷다리로 변해. 이어서 양팔이 날렵한 앞다리로 변하지. 그러고는 털이 덮인 꼬리가 생겨. 마지막으로 날카롭고 큰 이빨이 솟아나는데 보기만 해도 너희는 온몸이 떨릴 거야.

그렇게 변신한 늑대 인간은 '아우' 하고 크게 소리 지르고는 마을을 돌아다니면서 사람을 해치고 돼지나 소 같은 가축을 남김없이 잡아먹어. 얼마나 맛있는지 몰라.

배를 가득 채우고 나면 보름달이 서쪽으로 지기 시작해. 이제 다시 인간으로 돌아갈 시간이 됐다는 뜻이지. 사람이 되는 차례는 늑대로 변신하는 과정의 반대야. 변신을 끝낸 나는 보통 사람의 모습이 되어서 다음 보름달을 조용히 기다리게 되지.

1 제목 정하기

이 글의 제목으로 알맞은 것을 골라 보세요. (　　)

① 늑대 인간이 가장 좋아하는 먹이
② 늑대 인간이 변신하는 순서
③ 늑대 인간이 변신하는 이유
④ 보름달 아래서 변신한 늑대 인간이 하는 일

2 정확히 읽기

늑대에서 인간으로 변하는 과정을 차례로 말해 보세요.
(　　⇨　　⇨　　⇨　　)

① 앞다리가 양팔로 변한다.
② 늑대 뒷다리가 사람 다리로 변한다.
③ 꼬리가 사라진다.
④ 이빨이 작아진다.

3 어휘력 키우기

변신에서 '변(變)'은 '변하다'라는 뜻입니다. 보기에서 알맞은 단어를 찾아 빈칸을 채워 보세요.

변할 변 (變) = 변하다

보기
변덕(變德)   변신(變身)   변장(變裝)   변화(變化)

① 그 아이돌은 가수에서 배우로 _____에 성공했다.

② 나는 꿈이 매일 변한다. _____이(가) 심하다.

③ 그 도둑은 여자로 _____하고 빠져나갔다.

④ 기후 _____ 때문에 생태계가 위험하다.

4 낱말 의미 이해

다음 밑줄 친 낱말은 쓰임이 어색해요. 보기에서 알맞은 단어를 골라 바르게 고쳐 보세요.

보기
변덕   변장   변신

① 생일 선물로 <u>변화</u> 로봇을 받았다.   (_____)

② 내가 거지로 <u>변덕</u>하자 아무도 나를 알아보지 못했다.   (_____)

③ 너는 이랬다저랬다 너무 <u>변신</u>이 심하다.   (_____)

늑대 인간을 물리치고 싶니?

사람이 우리 늑대 인간을 막을 수 있을까? 쉽지 않아. 우리에게는 굉장한 강점이 있기 때문이야. 무엇보다 아주 빨라서 사람들이 늑대 인간을 잡는 건 거의 불가능해. 그럼 활이나 창으로 공격하면 어떨까? 늑대 인간의 몸은 아주 강해서 그 정도로는 흠집만 생겨. 총탄을 맞아도 몸에 작은 상처가 생길 뿐이지.

그러니까 우리는 아주 빠르고 강해. 좀처럼 다치지도 않아. 놀랍지 않니? 우리 늑대 인간은 너희 보통 인간은 꿈도 못 꿀 초능력을 가진 슈퍼 늑대인 거야.

하지만 우리가 완벽한 건 아니야. 약점도 있거든. 첫 번째로 다른 총탄은 괜찮은데 은으로 된 총탄은 치명적이야. 은 총탄에 맞으면 우리 늑대 인간은 힘이 약해져서 결국 잡히거나 숨을 멈추게 돼. 그런 사실이 갈수록 많이 알려져서 큰일이야. 이제 방탄복이라도 입고 다녀야 할 것 같아.

또 거의 알려지지 않은 두 번째 약점이 있어. 늑대 인간은 아름다운 노랫소리에 아주 약해. 누가 아름답게 노래를 부르면 귓속이 간질간질해지면서 마음이 착해져. 포악한 늑대가 귀여운 강아지처럼 순해지는 거야. 그러니까 제발 아름다운 노래는 부르지 말아 줘. 부탁해.

1 이 글에 제목을 붙이려면 어떤 게 좋을까요? (　　)

① 늑대 인간의 위대한 능력
② 늑대 인간의 강점과 약점
③ 늑대 인간과 강아지의 공통점
④ 늑대 인간이 노래를 좋아하는 이유

2 이 글의 내용과 어울리는 것을 골라 보세요. (　　)

① 늑대 인간을 물리치는 방법은 세 가지다.
② 늑대 인간은 힘이 세지만 느리다.
③ 늑대 인간은 방탄복을 입고 다닌다.
④ 늑대 인간은 아름다운 노래를 들으면 순해진다.

3 어휘력 키우기

방탄복에서 '방(防)'은 '막는다'는 뜻에요. 보기 에서 알맞은 단어를 찾아 빈칸을 채우세요.

막을 **방** (防) = 막는다

보기   방수(防水)   방어(防禦)   방탄(防彈)   방패(防牌)

① 총탄을 막는 옷을 [　　　]복이라고 한다.
② 상대의 공격을 막는 것을 [　　　](이)라고 한다.
③ 창이나 화살을 막는 무기가 [　　　]이다.
④ 물이 스며들지 않게 막는 걸 [　　　](이)라고 하다.

4 낱말 의미 이해

낱말과 뜻 설명이 맞도록 줄 잇기를 해 보세요.

① 방파제   •   •   ⓐ 화재를 막고 불을 끄는 곳

② 소방서   •   •   ⓑ 미리 대처하여 막는 일

③ 예방   •   •   ⓒ 파도를 막기 위해 세운 둑

왜 우리 늑대만 미워하니?

안녕! 나는 늑대야. 너희는 우리 늑대가 싫지? 숨길 생각하지 마. 이미 다 알고 있어. 사람들은 우리 늑대를 참 미워해.

동화에서 늑대는 아주 나쁜 동물로 취급받아. 아기 돼지 삼 형제를 괴롭힌 것은 사자가 아니라 늑대야. 양치기 소년도 늑대가 나타났다고 외쳤어. 빨간 모자와 할머니를 ㉠꿀걱 삼켰다가 ㉡혼줄 나는 것도 다름 아니라 늑대였잖아. 왜 동화에서는 나쁜 역할을 늑대한테만 시키는 거야? 동화 작가들이 늑대를 아주 싫어하는 게 분명해.

늑대 인간 전설도 사람이 늑대를 미워하는 증거야. 옛날 유럽 사람들은 늑대 인간이 정말로 있다고 믿었어. 늑대 인간이 가축을 죽이고 사람 생명도 해친다고 생각했던 거야.

그런데 우리 늑대가 보기에 늑대 인간 전설은 너무나 ㉢웃껴. 늑대 인간은 없어. 늑대 인간은 사람이 상상해 낸 가짜 괴물일 뿐이야. 너희가 지어낸 늑대 인간과 우리 늑대는 아무 관계가 없어. 우리는 변신하지도 않고 괴물도 아니야. 사람들아, 우리 늑대를 나쁘게 보지 마. 제발 ㉣색안경을 벗어 줘.

우리 늑대가 먹을 게 없을 때는 가축을 잡아먹기도 했어. 미안해. 하지만 그건 사자나 호랑이도 가끔 하는 짓이야. 우리 늑대만 미워하지 말아 줘. 우리도 아름다운 자연의 일부니까 사랑해 주면 안 되겠니?

1 늑대는 왜 동화 이야기를 꺼냈을까요? (   )

① 동화는 재미있으니까
② 동화에 나오는 늑대를 소개하려고
③ 사람들이 늑대를 미워한다고 말하고 싶어서
④ 동화를 읽으면 행복해진다고 말하고 싶어서

2 늑대는 왜 늑대 인간 전설이 우습다고 말했나요? (   )

① 늑대 인간이 농담을 잘해서
② 늑대 인간이 실수를 많이 해서
③ 늑대 인간이 개그를 잘해서
④ 늑대 인간은 실제로 존재하지 않는 가짜여서

3 이 글의 중심 생각을 담은 문장은 어느 것일까요? (   )

① 동화를 쓴 사람들이 늑대를 미워하는 게 분명해요.
② 사자나 호랑이도 가축을 해쳐요.
③ 우리 늑대만 너무 미워하지 마세요.
④ 늑대 인간은 사냥하지 않아요.

4 ㉠~㉢을 맞춤법에 맞게 고쳐 보세요.

㉠ 꿀걱 → ☐　　㉡ 혼줄 → ☐

㉢ 웃껴 → ☐

5 ㉣은 무슨 뜻일까요? (　　)

① 우리 늑대 앞에서는 선글라스를 끼지 말아 줘.
② 우리 늑대를 나쁘게 보지 말아 줘.
③ 색안경을 벗고 너의 눈을 보여 줘.
④ 색깔 있는 안경은 시력에 좋지 않아.

7장

수수께끼 대마왕

스핑크스

인기가 많았던 괴물 스핑크스
스핑크스의 최후
오이디푸스의 마음

인기가 많았던 괴물 스핑크스

이집트에 기자라는 도시가 있거든. 거기에 유적들이 많은데 높이가 20미터가 넘는 스핑크스 조각상이 유명해. 내가 그 모델이야. 위대하고 고귀한 괴물 스핑크스가 바로 나야.

기자의 스핑크스는 나를 좋아하던 인간들이 만들어 놓은 조각품이야. 이집트 신화뿐 아니라 그리스 신화에도 내 이야기가 나오더라. 또 페르시아 사람들도 오래전부터 나를 알고 있었어. 정말 엄청난 인기야. 나는 지구 대스타였던 거야.

나는 왜 이렇게 인기가 많은 걸까? 깊이 생각해 보니 인기 비결은 두 가지였어. 나의 아름다운 모습과 나의 신비로운 수수께끼 덕분이었던 거야.

먼저 내 모습이 어떤지 설명해 줄게. 얼굴은 아름다운 사람의 얼굴이야. 그리고 몸은 강한 사자의 몸이야. 또한 나에게는 날개도 있어. 독수리 날개를 펄럭이면 어디로든 날아갈 수 있지.

나 스핑크스는 사람 얼굴과 사자의 몸과 독수리의 날개를 가진 아름다운 괴물이야. 상상만 해도 감탄이 나오지 않니? 전 세계 사람들이 좋아할 수밖에 없겠지?

나의 두 번째 인기 비결은 나의 신비한 수수께끼야. 아마 너희도 들어 봤을 텐데 나의 수수께끼는 이것이었어.

"처음에는 네 발로 걷다가 나중에는 두 발로 걷고 끝에는 세 발로 걷는 것은 무엇일까?"

인류 역사에서 가장 유명한 수수께끼야. 내가 만들어 냈어. 저렇게 신기하고 놀라운 수수께끼를 어떻게 만들어 냈냐고? 다른 건 없고 내 머리가 좋아서야. 나는 외모가 아름답고 머리도 좋아. 인기가 없을 수 없는 거지. 나는 최고의 인기 스타 괴물이야. 그럴 만하지?

1 글의 제목을 하나 더 지어 봐요. 어느 것이 글의 제목으로 어울릴까요?

( )

① 이집트 기자는 어떤 곳일까?

② 스핑크스의 두 가지 인기 비결은 뭘까?

③ 스핑크스는 왜 수수께끼를 냈을까?

④ 어느 나라 사람들이 스핑크스를 좋아했을까?

2 이 글을 요약해 봐요. 보기 에서 낱말을 골라서 빈칸을 채우면 되어요.

보기

외모   인기   수수께끼

나 스핑크스의 ㉠ [　　] 가 높은 것은 아름다운 ㉡ [　　] 와 신비한 ㉢ [　　] 때문이다.

3 이 글을 쓴 스핑크스의 마음은 어땠을까요? ( )

① 창피하다.　　② 자부심을 느낀다.

③ 옛날이 그리워 슬프다.　　④ 기자에 가고 싶어 안달 났다.

4 어휘력 키우기

스핑크스는 자신이 위대한 괴물이라고 했어요. 위대에서 위(偉)는 '크다'는 뜻이에요. 보기 에서 알맞은 낱말을 찾아 빈칸을 채워 보세요.

클 위(偉) = 크다

보기
위대(偉大)   위력(偉力)   위업(偉業)   위인(偉人)

① 세종 대왕은 [   ]하다.

② 이순신처럼 훌륭한 사람을 [   ](이)라고 한다.

③ 위대한 업적을 줄여서 [   ](이)라고 한다.

④ 아주 큰 힘을 가진 슈퍼맨의 [   ]은(는) 정말 놀랍다

5 낱말 의미 이해

다음 밑줄 친 낱말은 그 쓰임이 적절치 않아요. 보기 에서 알맞은 단어를 골라 바르게 고쳐 보세요.

보기
위력   위인전   위대

① 오늘은 위대한 사람들의 이야기를 담은 위대전을 읽고 싶다.
(   )

② 나도 세종 대왕처럼 막대한 사람이 되고 싶다.   (   )

③ 내 발 냄새는 강아지가 도망칠 정도로 천재적이다.   (   )

스핑크스의 최후

수수께끼를 못 맞힌 사람들을 내가 어떻게 했을까? 답을 친절히 가르쳐 주고 가던 길을 가게 했을까? 아니야. 다 잡아먹어 버렸어. 그 자리에서 말이야. 사람들은 어리석어서 내 위대한 수수께끼를 맞힐 수가 없었지. 그래서 나는 항상 포식할 수 있었어.

그러던 어느 날 복병이 하나 나타났어. 바로 오이디푸스라는 자였어. 그가 다가오는 걸 보고 나는 절로 미소를 짓게 되더라. 허기를 채워 줄 저녁거리라고 생각했거든.

나는 그를 멈춰 세우고는 말했지. 수수께끼를 풀어야 보내 주겠다고 말이야.

"처음에는 네 발로 걷다가 나중에는 두 발로 걷고 끝에는 세 발로 걷는 것은 무엇일까?"

오이디푸스는 잠시 입을 떼지 못하더군. 분명히 못 맞힐 거야. 나는 ㉠가슴이 뛰었어. 맛있는 저녁을 먹을 수 있을 것 같아서였지.

그런데 오이디푸스가 잠시 후 또박또박 답하더라.

"사람입니다. 어릴 때는 네 발로 걷고 커서는 두 발로 걸으며 나이 들면 지팡이를 짚으니까요."

나는 ㉡눈이 동그래졌어. 정답이었거든. 이 못된 오이디푸스를 어떻게 해야 할까? 잡아먹어 버릴까? 그런 생각도 했지만, 나는 결국 약속을 이행했어.

오이디푸스를 보낸 후 나는 펑펑 ㉢눈물을 흘렸어. 나의 위대한 수수께끼가 그렇게 쉽게 풀리다니 슬퍼서 견딜 수 없었지. 나는 울며불며 높은 언덕으로 올라가서는 주저 없이 뛰어내려 버렸어. 그 후로 나를 목격한 사람은 아무도 없었지.

1 내용 이해하기

이 글의 내용과 일치하는 설명은 어느 것인가요? (   )

① 오이디푸스에게는 날개가 있었다.

② 스핑크스는 약속을 지키지 않았다.

③ 스핑크스는 배가 너무 고파서 언덕에서 뛰어내렸다.

④ 오이디푸스는 현명한 사람이었다.

2 마음 읽기

㉠ ~ ㉢은 어떤 감정을 나타내나요? 줄을 그어 보세요.

㉠ 가슴이 뛰었어.   •   •   ⓐ 놀랐다.

㉡ 눈이 동그래졌어. •   •   ⓑ 설렌다.

㉢ 눈물을 흘렸어.   •   •   ⓒ 슬펐다.

3  낱말과 그 뜻을 연결해 보세요.

① 포식 •   • ⓐ 눈으로 직접 봄

② 복병 •   • ⓑ 숨어 있던 병사

③ 이행 •   • ⓒ 실제로 행동에 옮김

④ 목격 •   • ⓓ 배불리 먹음

4  다음 밑줄 친 낱말은 틀리게 사용되었어요. 보기 에서 맞는 표현을 골라 보세요.

> 보기
>
> 이행   포식   목격

① 나는 치킨으로 배불리 소식할 거다.   (   )

② 엄마가 용돈 올려 주기로 한 약속을 달성했다.   (   )

③ 나는 아빠가 몰래 컴퓨터 게임 하는 것을 똑똑히 목적했다.
(   )

105

🦉 오이디푸스의 마음

나는 오이디푸스야. 그날 길을 가다가 ㉠<u>간 떨어지는 줄 알았어.</u> 난데없이 괴물이 나타났기 때문이지. 얼굴은 사람인데 몸통은 사자이고 날개까지 있었어. 괴물은 나를 보면서 미소를 지었어. 그리고 침도 흘리고 있었지. 나를 잡아먹을 생각이었던 것 같아.

그 괴상한 괴물은 대뜸 수수께끼를 냈어.

"처음에는 네 발로 걷다가 나중에는 두 발로 걷고 끝에는 세 발로 걷는 것은 무엇일까?"

나는 ㉡<u>손이 부들부들 떨렸어.</u> 틀리면 죽을 수도 있겠다 싶어서였지. 그런데 답이 번쩍 떠올랐고 나는 사람이 답이라고 말했어.

괴물이 놀란 표정으로 말했어. "뭐? 사람?" 괴물은 나를 의심했어. "누가 가르쳐 줬어? 아니면 너 비겁하게 커닝한 거니?"

난 결백했어. 누가 가르쳐 준 것도 아니고 부정행위도 없었으며 내가 스스로 생각해서 답한 것이라고 주장했지.

괴물은 결국 정답이라고 인정하더군. 나는 ㉢<u>심장이 터질 것 같았어.</u> 죽지 않게 되어서 말할 수 없이 기뻤어. 나는 달렸어. 곧 괴물이 엉엉 우는 소리가 들리더군. 나는 더 빨리 달려서 멀리 달아나 버렸어.

1 이 글의 또 다른 제목을 짓는다면 어느 것이 어울릴까요? (　　)

① 수수께끼를 틀려서 혼난 오이디푸스
② 스핑크스와 싸워서 이긴 오이디푸스
③ 슬픈 이야기를 듣고 눈물 흘린 스핑크스
④ 수수께끼가 풀리자 절망한 스핑크스

2 이 글의 내용과 일치하는 설명은 어느 것인가요? (　　)

① 오이디푸스는 스핑크스를 보고도 전혀 무섭지 않았다.
② 스핑크스는 오이디푸스를 보고 침을 흘렸다.
③ 오이디푸스는 예습한 덕분에 수수께끼를 풀 수 있었다.
④ 스핑크스는 오이디푸스에 시험지를 내놓았다.

3 ㉠ ~ ㉢은 어떤 감정을 나타내나요? 줄을 그어 보세요.

㉠ 간 떨어지는 줄 알았어.　　•　　　　•　ⓐ 무척 기뻤다.

㉡ 손이 부들부들 떨렸어.　　•　　　　•　ⓑ 놀랐다.

㉢ 심장이 터질 것 같았어.　　•　　　　•　ⓒ 긴장했다.

4 정답에서 정(正)은 바르다는 뜻이에요. 바를 정(正)이 쓰이는 낱말이 아주 많아요. 보기 에서 알맞은 낱말을 골라 빈칸을 채워 보세요.

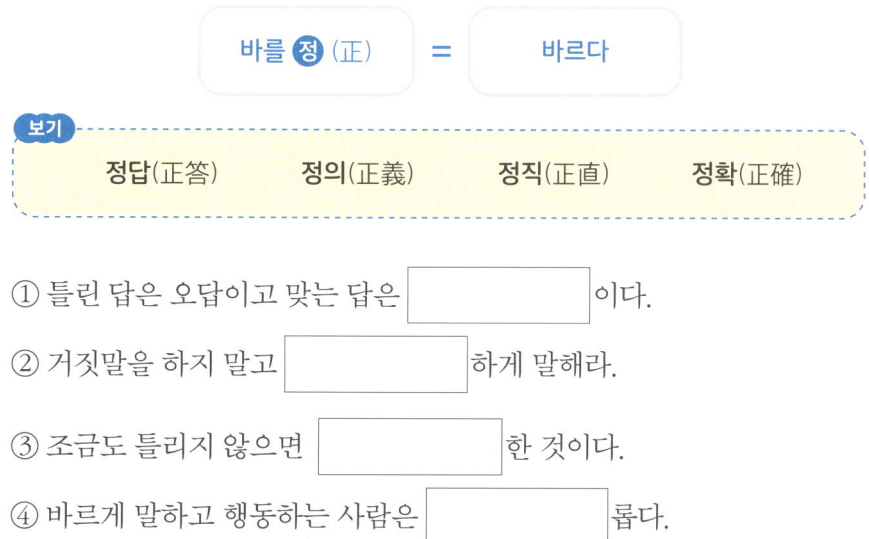

① 틀린 답은 오답이고 맞는 답은 [　　　]이다.
② 거짓말을 하지 말고 [　　　]하게 말해라.
③ 조금도 틀리지 않으면 [　　　]한 것이다.
④ 바르게 말하고 행동하는 사람은 [　　　]롭다.

5 낱말과 올바른 뜻을 연결해 보세요.

① 정정당당(正正堂堂) •　　• ⓐ 백성을 가르치는 바른 소리

② 훈민정음(訓民正音) •　　• ⓑ 모든 일은 정의롭게 끝난다.

③ 사필귀정(事必歸正) •　　• ⓒ 태도가 바르고 떳떳하다.

정답 및 풀이

1장 지저분하고 냄새 지독한 **좀비**

◆ **좀비가 뭘까?** ·········· 16~17쪽

1. ㉠ 좀비 ㉡ 사람 ㉢ 좀비 ㉣ 사람 2. ③
3. ㉠ 뜻 ㉡ 기원 ㉢ 특징 4. ② 5. ④
6. ① 특징 ② 특별 ③ 특권 ④ 특이

2. 이 글은 설명하는 글이에요. 좀비가 무엇인지 자세히 알려 주는 게 목적이에요.

5. 이 글에 나온 "우리는 공부하는 거 무척 싫어하니까, 너희가 연구해서 알려 줬으면 좋겠어."에서 좀비는 공부하는 것을 좋아하지 않고 싫어한다는 것을 알 수 있어요.

◆ **좀비가 되는 법** ·········· 20쪽

1. ③ 2. ㉠ 씻지 않고 ㉡ 텔레비전과 게임 ㉢ 괴롭히면 3. ①-ⓓ ②-ⓑ ③-ⓐ ④-ⓒ

1. 글의 첫머리에 설명이 되어 있어요. "이건 극비인데 좀비에게 물리지 않고도 좀비가 될 수 있단다. 내가 특별히 그 놀라운 방법을 알려 줄게."라고요.

◆ **좀비 대 뱀파이어** ·········· 23~24쪽

1. ㉠ 유럽 대륙 ㉡ 생각을 거의 못 한다
㉢ 깨끗하다 2. ㉠ 고향 ㉡ 생각 능력
㉢ 외모 청결도 3. ㉠ 걔들 ㉡ 세우지 ㉢ 아예
4. ④ 5. 무섭다, 전염력이 높다

1. 깨끗하다 대신 깔끔하다 등을 써도 되어요.

2. 고향 대신 태어난 곳, 생각 능력 대신 생각하는 양, 외모 청결도 대신 외모의 깨끗함 정도로 써도 되어요.

4. ① 좀비는 생각을 거의 못 해서 책 읽기를 좋아하기 힘들 거예요. ② 좀비는 지저분해서 향긋한 냄새와는 거리가 멀어요. ③ 뱀파이어에게 물리면 좀비가 아니라 뱀파이어가 되어요. ④ 뱀파이어는 깔끔하니까 세수를 자주 할 거예요.

◆ **좀비가 알려 준 비밀** ·········· 28쪽

1. ② 2. 물, 식량, 무기, 라디오, 비상 발전기, 신분증, 체력, 협력 3. ③

1. 제목은 글 내용 전부를 담아야 해요. 내가 가진 과일 전부를 바구니 하나에 담는 것과 같이, 글의 내용 전부를 제목에 담아야 좋아요. 이 글에는 좀비에 대비하는 방법 8가지가 소개되어 있는데 ①은 그중 하나일 뿐이에요. 나머지 7개를 담지 못했어요. ③도 한 가지 방법일 뿐이에요. ④도 똑같이 8개 중 하나일 뿐이에요. ②는 어떤가요? 8가지 방법을 다 포함하고 있어요. 과일 전부를 남김없이 담은 바구니와 같아요. 그래서 ②가 제목으로 알맞아요.

2. 글을 꼼꼼히 읽으면 알아낼 수 있어요. 착한 좀비는 물, 식량, 무기, 라디오, 비상 발전기, 신분증, 체력, 협력하는 마음이 있으면 좀비의 공격에 대비할 수 있다고 알려 주었어요.

3. 이 글을 쓴 좀비는 글 마지막에서 사람이 되고 싶다고 해요. 그래서 사람들이 좀비를 무찌르고, 치료 약도 개발해서 자신을 치료해 달라고 부탁하고 있어요.

2장 오싹하고 섬뜩한 프랑켄슈타인

◆ 프랑켄슈타인의 자기소개 …… 32~33쪽

1. ③   2. ㉠ 운동 ㉡ 공부 ㉢ 무섭다   3. ②
4. ① 천재 ② 천장 ③ 천사 ④ 개천절

1. 제목은 포장지와 같아요. 선물을 포장할 때처럼 글 내용 전부를 포장지에 담아야지 빠뜨리는 게 있으면 안 돼요. ①은 제목으로 적절하지 않아요. 이 글에서는 프랑켄슈타인의 강점도 이야기했는데, 이 부분을 빠뜨렸으니까요. ②도 마찬가지로 프랑켄슈타인의 약점을 빠뜨렸어요. ③은 이 글에 나온 프랑켄슈타인의 강점과 약점을 모두 담아냈기 때문에 제목으로 좋아요. ④는 글 내용과 관계가 없으므로 제목이 될 수 없어요.

2. '나는 운동 천재다. 나는 공부 천재다. 나는 외모가 무섭다.'라고 쓰면 되어요.

3. "사람들은 너무 소심해." 뒤에 나온 "너무 마음이 약해."에서 유추하면 되어요.

◆ 슬픈 아기 프랑켄슈타인 …… 36~38쪽

1. ②, ④   2. ①   3. ㉠ 사람들이 나를 쫓아냈어. ㉡ 내가 아이를 구해 줬는데 아이 아빠가 총을 쐈어.   4. 생명을 소중히 여겨야 해요. 책임감을 가지세요.   5. ④   6. ① 사실 ② 현실 ③ 확실 ④ 실화   7. ① 사실 ② 확실 ③ 실화

1. 어린 프랑켄슈타인은 슬픔과 외로움을 느꼈을 거예요.

2. 동정심이란 다른 사람을 불쌍히 여기는 마음을 뜻해요.

4. 프랑켄슈타인의 마음을 상상하면서 하고 싶은 말을 떠올려 보세요. "너무 겁이 많은 거 아닌가요? 제발 용감해지세요." 또는 "생명을 소중히 여겨야 해요. 책임감을 가지세요."라고 충고할 수도 있고, "저를 너무 무서워 마세요. 제가 그래도 좀비보다는 잘 생겼잖아요."라고 재밌게 말할 수도 있어요. 또는 "배고파요. 맛있는 거 사 주세요."라고 부탁할 수도 있고요. 자신의 생각을 자유롭게 쓰면 되어요.

5. 하늘을 날고 변신하고 모든 걸 아는 능력도 신의 능력이에요. 하지만 이 글에서 프랑켄슈타인이 말한 신의 능력은 달라요. 바로 뒤의 문장을 보면 뜻을 알 수 있죠. "생명을 만들어 낼 수 있게 된 거지."라고 되어 있으니까, 여기서 말하는 신의 능력은 생명을 만드는 능력이에요.

◆ 프랑켄슈타인의 후회 …… 41~42쪽

1. ㉠ 앙갚음 ㉡ 책임감   2. ㉠ 내 방 청소하기 ㉡ 자식을 돌보는 것   3. ㉠-ⓐ ㉡-ⓑ   4. ① 유기 ② 포기 ③ 폐기 ④ 기권   5. ① 폐기 ② 유기 ③ 포기

3. 빅터 박사가 만든 생명이 프랑켄슈타인이에요. 그래서 프랑켄슈타인의 아빠는 빅터 박사예요.

3장 그리스 신화의 최고 미녀 메두사

◆ 메두사의 예쁜 얼굴 ········ 46~47쪽

1. ③ 2. ㉠ 황금 날개가 있다. ㉡ 머리에 예쁜 뱀들이 있다. 3. 예 나는 올바른 행동을 한다. 친구를 소중히 대한다. 약속을 잘 지킨다. 축구를 잘한다. 4. ②, ④

1. 메두사는 지혜, 부, 힘에 대해서는 한마디도 하지 않았어요. 오직 미모를 자랑하기 위해서 이 글을 썼어요.

2. 메두사는 자신이 미녀라는 주장을 하려고 다섯 가지 이유를 댔어요. 그중에 황금 날개 이야기와 뱀 자랑이 빠져 있어요.

3. 자신의 장점이 무엇일지 곰곰이 생각한 다음에 ㉠ ~ ㉢을 채워 보세요. 예를 들어서 '나는 올바른 행동을 많이 한다.' '친구들을 소중하게 대한다.' '약속을 잘 지킨다.' '피아노 연주를 잘 친다.' '축구를 잘한다.'와 같은 이유를 쓰면 되어요.

4. ① 자아도취는 자신에게 취해 있는 마음을 말해요. "나는 정말 최고야."라는 생각에 취해 있다면 자아도취에 빠진 거예요. "나는 최고의 미인이야."라고 주장하는 메두사도 자아도취에 빠져 있다고 할 수 있어요. ② 작가 아폴로도로스는 메두사의 생김새를 상세히 묘사했어요. 그는 메두사의 얼굴을 직접 본 후에 글을 남겼을까요? 그건 불가능해요. 메두사의 얼굴을 봤다면 돌이 되었을 것이고, 그러면 글을 남기지 못했을 거예요. ③ 메두사는 황금 날개가 있어서 날아다닐 수 있어요. ④ 엄니로 고기를 잘라 먹는다고 했으니까 메두사는 채식주의자가 아니라고 봐야 해요.

◆ 백설 공주를 만난 메두사 ········ 50~51쪽

1. ② 2. ①, ② 3. ④ 4. ㉠ 메두사는 힘이 강하다. ㉡ 메두사는 독립적이다. 5. 예 엄마는 항상 밝게 웃어요. 엄마는 마음이 따뜻해요.

1. 백설 공주가 왕자를 좋아하는 이유와 예뻐진 비결이나 왕비를 싫어하는 이유는 이 글에 나타나 있지 않아요.

2. ① '오랜만에' 만났다고 했으니, 처음 만난 게 아니에요. ② 메두사가 백설 공주에게 우월감을 느낀 것은 아니에요. 우월감은 내가 누구보다 더 낫다고 느끼는 마음이에요. 메두사는 자신이 백설 공주보다 낫다고 생각하지는 않았어요. ③ 본문에 '더 좋아하게 되었다.'고 나와요. ④ 메두사는 백설 공주에게 많이 사랑받는 비결을 물었어요. 그러니까 궁금해한 게 맞아요.

3. 메두사는 짜증이 났지만, 억지로 미소를 지었어요. 백설 공주의 마음을 상하게 하는 게 싫어서였어요.

4. 메두사가 힘이 강하고, 독립적이라서 멋있다고 했어요.

5. 엄마가 언제 멋있었는지 생각해 보세요. 그런 다음 내 생각을 쓰면 되어요. 예를 들면 '엄마는 항상 밝게 웃어요.' '엄마는 아는 것이 많아요.' '엄마는 우리 가족을 행복하게 만들어요.' '엄마는 마음이 따뜻해요.' 등이 있을 수 있어요.

◆ 메두사를 물리친 페르세우스 ········ 54~55쪽

1. ②, ④ 2. ① 미인 ② 미술 ③ 미국 ④ 미담 3. ③ 4. ③, ④

1. 페르세우스를 도운 신들의 이름이 나와 있고, 페르세우스가 방패와 투구를 어떻게 사용해서 메두사를 물리쳤는지 설명되어 있어요.

2. 미담은 불쌍한 고양이를 도와줬다는 이야기나, 가난한 사람들에게 돈을 기부한 사람의 이야기 등과 같이 사람들에게 감동을 주는 가슴 따뜻한 이야기를 뜻해요.

3. 중과부적(衆寡不敵)은 '수가 적으면 적에 맞설 수 없다'는 뜻이에요. 어려운 사자성어이지만 앞의 문장과 함께 읽으면 뜻을 추리할 수 있어요. "그를 도와준 신들이 너무 많아서 내가 졌어. 중과부적이었지."에서 적의 수가 많아서 졌다는 뜻인 걸 알 수 있어요.

4. ㉢의 부자(富者)는 돈이 많은 사람을 뜻하고, ㉣의 부자(夫子)는 아버지와 아들이라는 뜻이에요.

4장 무서운 흡혈귀 뱀파이어

◆ 반 헬싱 박사가 설명하는 뱀파이어
60~61쪽

1. ③ **2.** ②, ③ **3.** ③ **4.** ①-ⓑ ②-ⓓ ③-ⓐ ④-ⓒ

1. 어떤 뱀파이어의 얼굴이 더러운 이유가 설명되어 있어요. 하지만 그것은 뱀파이어의 세 가지 특징 중 하나예요. 중심 생각을 알기 위해서는 부분이 아니라 전체를 봐야 해요. 이 글 전체가 설명하는 것은 뱀파이어의 뜻과 특징이에요.

2. 뱀파이어는 사람의 피를 빨아먹는 괴물이에요. 피노키오와 장미꽃은 사람이 아니니까 안전하다고 추리할 수 있어요.

3. 뱀파이어는 '언제나'가 아니라 '주로' 밤에 활동한다고 글에 쓰여 있어요. 그 말은 낮에 활동하는 뱀파이어도 있다는 말이에요. 그래서 ①은 틀려요. 또 '모두'가 아니라 '어떤' 뱀파이어는 동물로 변신한다고 글에 나와 있어요. 동물로 변신 못 하는 뱀파이어도 있는 거예요. 그래서 ②도 틀려요. 마지막으로 '일부' 뱀파이어는 거울에 모습이 비치지 않는다고 했어요. 그 말은 어떤 뱀파이어는 거울에 비친다는 뜻이므로 ③은 맞아요.

◆ 반 헬싱 박사와 드라큘라의 대결
64~65쪽

1. ② **2.** ㉠ 드라큘라 ㉡ 1897년 ㉢ 영국 ㉣ 브램 스토커 **3.** (가) ㉠ 트란실바니아 ㉡ 영국 ㉢ 트란실바니아 (나) ㉠ 영국 ㉡ 트란실바니아 ㉢ 영국 **4.** 마늘, 십자가, 들장미 가시, 총, 나무 말뚝 중 3개 **5.** ① 작가 ② 작품 ③ 작심 ④ 작곡 **6.** ① 걸작 ② 작사 ③ 작심

1. 뱀파이어는 트란실바니아와 영국에서 활동했어요. 미국 뉴욕에 갔다는 이야기는 나오지 않아요.

2. 출간은 책이 세상에 나왔다는 뜻이에요.

4. 마늘, 십자가, 들장미 가시, 총, 나무 말뚝 중에서 골라 적으면 되어요.

6. ① 졸작은 수준이 낮은 작품을 뜻하고, ③ 작심삼일은 어떤 일을 하기로 마음먹었지만, 금방 흐지부지될 때 쓰는 말이에요.

◆ 안전한 뱀파이어 에드워드
68~70쪽

1. ㉠ 생명력 ㉡ 체력 ㉢ 독심술 ㉣ 자제력 **2.** ② **3.** ② **4.** ① **5.** ① 불만 ② 불멸 ③ 불가능 ④ 불안 **6.** ①-ⓒ ②-ⓐ ③-ⓑ ④-ⓓ **7.** ① 효도 ② 불행 ③ 불법 ④ 불쾌

1. 영원한 '생명력', 강한 '체력', 남의 마음을 읽는 '독심술', 자기 마음을 억제하는 '자제력'이라고 답하면 되어요.

2. ① 에드워드는 영원히 열일곱 살 외모라고 했으니까 이 말은 틀려요. ② 에드워드의 여자 친구는 일반 사람이니까 뱀파이어와 인간은 사랑에 빠진다고 추측할 수 있어요. ③ 에드워드는 사람 마음을 읽을 수 있다고 했지 조종한다고 하지 않았어요. ④ 뱀파이어는 굶지 않고 사고를 당하지 않으면 영원히 산다고 했어요. 이 말은 굶거나 사고를 당하면 죽을 수 있다는 뜻이에요.

3. 글을 읽는 어린이들에게 한 말이에요.
4. 모든 뱀파이어가 안전하지는 않다는 뜻이에요.
6. 불행은 행복하지 않다는 뜻이고, 불법은 법에 맞지 않다는 뜻이에요. 불쾌는 유쾌의 반대말이고, 불효는 효도의 반대말이지요.

5장 벌거숭이 괴물 투명 인간

◆ **투명 인간이 되면 좋을까?** ···· 74~75쪽

1. ④ 2. ①, ② 3. ① 자유 ② 자연 ③ 자신 ④ 자전 4. ① 자격루 ② 자신감 ③ 자율

1. 투명 인간이 되면 좋은 점도 있지만 나쁜 점도 많다는 걸 말하고 있어요.
2. ① 그리핀은 스스로 투명 인간이 되었다고 했어요. ② 투명 인간은 새로운 친구를 사귈 수 없어서 외롭다고 했어요. 그래서 친구가 많을 수 없어요. ③ 투명해져도 체중이 없어지는 게 아니니까 발자국은 남을 거예요. ④ 재채기를 하면 사람들이 그 소리가 어디서 나는지 몰라서 깜짝 놀랄 거예요.
4. ① 물시계 이름은 자격루예요. 스스로 때려서 소리를 내는 시계이지요. ② 자책감은 스스로에게 책임을 묻는 마음이에요. "내가 잘못했어."라고 생각하면 자책감을 느끼는 거예요. 앞 문장에서 "너는 할 수 있다."고 했으니 '자신감'으로 고쳐야 해요. ③ '타율'은 남이 시키는 대로 한다는 뜻이에요. 스스로의 원칙에 따라 행동하는 것은 '자율'이에요.

◆ **투명 인간의 최후** ············ 78~79쪽

1. ③, ④ 2. ③ 3. ③ 4. ① 평범 ② 의심 ③ 악행 ④ 불투명 5. ①-ⓑ ②-ⓐ ③-ⓒ ④-ⓓ

1. 투명 인간은 자신의 나쁜 행동을 후회하고 있어요. 또 자책감도 느끼고 있어요. 자책감이란 자신이 잘못했다고 생각하며 괴로워하는 마음이에요.
2. 투명 인간도 사람이니까 냄새가 날 거예요. 그러면 후각이 발달한 개가 주변에 있는 투명 인간을 금방 알아챌 수 있을 거예요.
3. 투명 인간은 누가 시켜서 나쁜 짓을 했던 게 아니에요. 남의 돈과 물건을 자기 것으로 만들려는 욕심이 문제였어요.

◆ **원더우먼, 도깨비, 투명한 동물들**
············ 82쪽

1. ④ 2. 해파리, 투명 물고기, 유리 개구리, 유리 날개 나비 3. ② 4. ㉠ 해파리 ㉡ 물고기 ㉢ 개구리 ㉣ 실제로

1. ① 원더우먼은 몸이 투명해지는 게 아니라 투명 비행기를 타요. ② 도깨비감투로 하늘을 난다는 내용은 없어요. ③ 개구리 전부가 아니라 일부만 투명해요.

6장 보름달을 사랑하는 늑대 인간

◆ 보름달이 뜨면 늑대 인간은 행복해
86~87쪽

1. ④ 2. ④ → ③ → ① → ② 3. ① 변신 ② 변덕 ③ 변장 ④ 변화 4. ① 변신 ② 변장 ③ 변덕

1. 늑대 인간이 가장 좋아하는 먹이가 무엇인지 나와 있지 않으니까 ①은 제목으로 부적절해요. 늑대가 변신하는 순서는 설명되어 있지만 그것 말고도 다른 이야기가 있어요. 그래서 ②도 답이 아니에요. 늑대 인간이 변신하는 이유는 글에 없으니까 ③도 부적절해요. 적절한 제목은 ④예요.

2. 인간에서 늑대로 바뀌는 순서와 반대예요. 즉, 이빨이 줄어들고 다음으로 꼬리가 사라지고 세 번째로 양팔이 생기며 마지막으로 뒷다리가 사람 다리로 변해요.

◆ 늑대 인간을 물리치고 싶니?
90~91쪽

1. ② 2. ④ 3. ① 방탄 ② 방어 ③ 방패 ④ 방수 4. ①-ⓒ ②-ⓐ ③-ⓑ

1. 늑대 인간이 가진 놀라운 강점뿐 아니라 약점도 소개되어 있어요.

2. ① 늑대 인간을 물리치는 방법이 두 가지 소개되어 있어요. ② 늑대 인간은 아주 빠르다고 했어요. ③ 방탄복을 입고 다니는 것이 아니라 입을까 고민하고 있다고 했어요.

◆ 왜 우리 늑대만 미워하니?
94~95쪽

1. ③ 2. ④ 3. ③ 4. ㉠ 꿀꺽 ㉡ 혼쭐 ㉢ 웃겨
5. ②

2. 글을 쓴 늑대는 늑대 인간 전설이 가짜인데도 사람들이 철석같이 믿는 게 우습다고 말했어요.

3. 글을 쓴 늑대는 사람들이 늑대만 미워하는 것은 옳지 않다고 주장하고 있어요.

4. ㉡ '혼쭐'은 '혼'과 뜻은 같지만 느낌이 강한 표현이에요.

5. '색안경을 끼고 본다'는 건 나쁘게 본다는 뜻이고, '색안경을 벗는다'는 건 더 이상 나쁘게 보지 않는다는 의미예요.

115

7장 수수께끼 대마왕 스핑크스

◆ 오이디푸스의 마음 ········ 108~109쪽

1. ④ 2. ② 3. ㉠-ⓑ ㉡-ⓒ ㉢-ⓐ 4. ① 정답
② 정직 ③ 정확 ④ 정의 5. ①-ⓒ ②-ⓐ ③-ⓑ

1. ①~③은 글 내용과 맞지 않아요. 여기서 절망의 뜻을 알면 문제 풀기가 더 쉬워요. 절망은 모든 희망을 잃었다는 뜻이에요. 스핑크스는 수수께끼가 풀리자 모든 희망을 잃었어요.

2. ① 오이디푸스는 스핑크스를 보고 무서워서 벌벌 떨었어요. ③ 예습해서가 아니라 별안간 답이 떠올라서 수수께끼를 풀 수 있었어요. ④ 스핑크스는 시험지를 내놓은 게 아니라, 말로 물어봤어요.

3. ㉠은 '놀랐다'는 뜻이에요. ㉡은 여기서 '긴장했다, 무섭다'의 의미로 쓰였어요. ㉢은 '무척 기쁘다'는 뜻을 품고 있어요.

◆ 인기가 많았던 괴물 스핑크스
100~101쪽

1. ② 2. ㉠ 인기 ㉡ 외모 ㉢ 수수께끼 3. ②
4. ① 위대 ② 위인 ③ 위업 ④ 위력
5. ① 위인전 ② 위대 ③ 위력

1. 글에서 스핑크스는 자신의 인기 비결 두 가지를 설명했어요. 그래서 ②가 적합한 제목이에요.

3. 스핑크스는 자신을 자랑스러워하고 있어요. 이런 마음을 '자부심'이라고 해요.

◆ 스핑크스의 최후 ········ 104~105쪽

1. ④ 2. ㉠-ⓑ ㉡-ⓐ ㉢-ⓒ 3. ①-ⓓ ②-ⓑ ③-ⓒ ④-ⓐ 4. ① 포식 ② 이행 ③ 목격

1. ① 오이디푸스에게 날개가 있다는 이야기가 없어요. ② 스핑크스는 약속을 지켰어요. ③ 스핑크스가 언덕에서 뛰어내린 것은 슬픈 마음 때문이에요.

3. ② 복병은 숨어 있다가 갑자기 나타나는 적군을 뜻해요. 예상하지 못한 경쟁 상대라는 뜻도 있어요. 스핑크스는 오이디푸스처럼 똑똑한 인간이 있을 거라고 전혀 예상하지 못했어요.